CLÁSICOS DESDE FREEDONIA

(Segunda parte)

una obra original de

Rafael Salcedo Ramírez

© RAFAEL SALCEDO RAMÍREZ. Todos los derechos reservados. Queda terminantemente prohibido copiar, reproducir, difundir, publicar o modificar cualquier parte de esta obra sin previo consentimiento expreso y escrito del autor.

© RAFAEL ALEJANDRO SALCEDO GARROTE. Todos los derechos reservados. Queda terminantemente prohibido copiar, reproducir, difundir, publicar o modificar cualquier parte de la imagen de la portada de esta obra sin previo consentimiento expreso y escrito del autor.

"El cine no es un trozo de vida, sino un pedazo de pastel"

Alfred Hitchcock

Estimados y pacientes lectores:

Tal como os adelanté en el primer volumen de esta obra, y tras dejar convenientemente desconectado ese invento luciferino de rayos catódicos, os traigo aquí la segunda entrega con nuevos clásicos que completan los que ya conocéis y, donde comprobaréis, ya figuran esos que teníais en mente y echabais de menos. Por supuesto que aún faltan otros, pero el tiempo y vosotros dictaréis sentencia para acometer por mi parte sucesivas entregas, en las que hagamos justicia a otras obras maestras que merecen este calificativo y un examen exhaustivo.

Forman este segundo volumen clásicos eternos donde conviven títulos de renombre junto a otros menos conocidos, pero que encierran tanto idénticas virtudes como merecimientos artísticos que, tal vez, conozcáis por primera vez y, si es así, podáis descubrirlos a raíz de la lectura de estas líneas.

De esta forma, os ofrezco de nuevo diez obras maestras de la historia del cine así como la vida y avatares de sus diez genios creadores, desde Charles Chaplin, King Vidor y Fritz Lang, a Frank Capra, Henri-Georges Clouzot, Vittorio de Sica, Joseph Leo Mankewicz o Jacques Becker, terminando con los más grandes: Alfred Hitchcock y John Ford.

Con ellos y su peculiar visión del séptimo arte, precursores y maestros a la vez, conoceremos el drama con tintes trágicos en "La multitud", el terror psicológico en estado puro en "Las diabólicas", la titánica lucha contra la corrupción política en "Caballero sin espada", los entresijos de la escena y el alma femenina en "Eva al desnudo", las aventuras en Alaska junto a los pioneros con "La quimera del oro", el juicio popular a un asesino en serie con "M el vampiro de Dusseldorf", la intensidad dramática de una fuga carcelaria en "La evasión", la miseria de la postguerra más atroz en "Ladrón de bicicletas", la intriga, la pasión y las obsesiones en "Vértigo" y un viaje tan épico como poético por el salvaje oeste, donde los sentimientos quedan al descubierto, en "La diligencia".

Es hora de apagar la luz porque comienza ya la proyección.

"Todo en el cine es pura ilusión, y por lo tanto, su misma existencia debe ser puesta siempre en manos de los magos, los hechiceros que dan aliento a su vida".

King Vidor

"Y EL MUNDO MARCHA" (1929)

(The crowd)

King Vidor

KING VIDOR

Muchos creen que el nombre del gran director y guionista estadounidense King Vidor es sólo un apelativo, propio por otra parte del mundo de la farándula. Pues nada más lejos; realmente se llamaba King Wallis Vidor y era un tejano nacido en la localidad de Galveston en 1894 en el seno de una familia acomodada cuyos orígenes estaban en Hungría, desde donde habían emigrado hacia ya tres generaciones.

A King, un suceso marcaría tanto su existencia como la de su familia al cumplir lo seis años de vida, cuando el más devastador huracán que había azotado hasta la fecha los Estados Unidos hizo desaparecer prácticamente su ciudad y con ella la vida de un tercio de sus habitantes. Por suerte, tanto él como su familia sobrevivieron aunque con las lógicas pérdidas materiales.

Fue su madre quien más influyó en el carácter, ideas y formación de Vidor cuando desde muy pequeño le inculcó las enseñanzas y prácticas de la religión que fundara Mary Baker Eddy, denominada de la "Ciencia Cristiana", y a la que quiso dedicarle un film ya apartado de las cámaras en sus últimos años de existencia.

Vidor entró a formar parte de la tejana Academia Militar de San Antonio y posteriormente continuó su formación en el Colegio de Fort Deposit; aunque su vocación por el cine pronto quedaría de manifiesto y le haría enfocar su vida hacia este arte recién nacido en su época por el que confesaba haber quedado deslumbrado.

Un entusiasmado Vidor contando con 19 años y una cámara en ristre que le había fabricado artesanalmente un amigo, logró filmar su primera obra como cineasta a la que llamó "Huracán en Galveston", a modo de documental donde narraba las secuelas del suceso que le había dejado marcado una década atrás.

No resultó en vano esta aventura puesto que el noticiario cinematográfico "Mutual Weekly" le encargó rodar un documental sobre una gran parada militar que resultó ser un éxito, máxime contando con que la cámara fue prestada así como las dos bobinas que la formaban.

A partir de este momento Vidor ya lo tenía decidido: quería triunfar en Hollywood. Para ello, y una vez contrajo matrimonio con la actriz en ciernes Florence Arto, puso rumbo a la meca del cine donde se mudó también junto a su socio Clifford Vick.

La primera toma de contacto con la industria del celuloide resultó exitosa a medias ya que, si bien encontró trabajo nada más llegar, éste resultó ser de contable, lo que sumió en la melancolía a Vidor y le hizo dudar de su apuesta. Sin embargo, no cejó en el empeño y aguantó tres años haciendo tareas administrativas hasta que consiguió ganarse la confianza del estudio que le encargó dirigir el film "The turn of de road", cuyo éxito propició que le encargaran nuevos trabajos.

No obstante, el espíritu inquieto de Vidor y sintiéndose con suficiente experiencia y conocimiento de la industria tan precozmente adquirida, en 1920 le impulsa a cortar amarras con aquélla y lanzarse a una aventura tan arriesgada como excitante: crear su propio estudio.

En su autobiografía, a la que denominó "Un árbol es un árbol", contaba que convenció a su propio padre para que vendiera su negocio de seguros y se ocupara de construir y dirigir el estudio. Gracias a este esfuerzo paterno y su entusiasmo logró estrenar "The family honor" así como otros títulos, pero esta vez la fortuna no le sonrió y el público dio la espalda a su cine y se vió obligado a abandonar en 1923 "Vidor Village", como bautizó al estudio.

Este nuevo revés por alcanzar el estrellato y la fama en el séptimo arte sólo fue efímero puesto que los trabajos hasta ahora realizados, aunque no contaran con el favor del público, sí le avalaban ante la industria y los profesionales del celuloide, quienes vieron madera de cineasta en Vidor.

Tanto es así que nada más cerrar su estudio, Metro Goldwyn Mayer le llama para dirigir "Tin-Tin de mi corazón" y, tras ésta, durante la década de los veinte alcanza por fin el éxito con dos colosales obras que le granjearán el aplauso unánime de la crítica especializada y público, como son "The crowd", una obra maestra a la que dedicaremos a continuación un análisis en profundidad, y "El gran desfile", que marcaría un hito en la historia del cine.

A esta carrera, ya sin obstáculos y con el prestigio ganado abriendo el camino, Vidor rodó con singular creatividad "Aleluya", una obra pionera en la que sólo participaban afroamericanos y que supuso un film a caballo entre el cine mudo y el sonoro, ya en ciernes, donde introdujo ruidos de diversos elementos.

Si exitosa fue ésta, no menos lo fue "The champ", si bien ayudaron los intérpretes Wallace Beery, en el cénit de su carrera, y el pequeño Jackie Cooper, en la que se relata la historia de un ex campeón de boxeo que debe dedicarse a cuidar a su hijo, con una gran carga lacrimógena muy del gusto de la época.

Encadenando éxitos que le llevarían al estrellato le siguen films como "Noche nupcial" y "Stella Dallas" y, por encima de éstos, "La ciudadela". Caso aparte merece traer aquí una obra esencial en su carrera como es "El manantial", obra maestra con un dúo de protagonistas sublime formado por el genial Gary Cooper junto a Barbara Stanwyck, en una adaptación de la exitosa novela de Ayn Rand donde asistimos a los avatares de un arquitecto fiel a sus principios hasta la extenuación, donde Vidor plasma con rigor la esencia del original donde el individualismo más feroz es descrito a veces con pulcra distancia y otras con sereno convencimiento.

Convertido ya en una figura imprescindible del Hollywood clásico, cabe destacar que fue el cineasta que concluyó una de las películas míticas del cine universal: "El mago de Oz", en la que fue responsable de las trascendentales secuencias que transcurren en Kansas, vértice del film, una vez que el encargado para ello, el director Victor Fleming, abandonó el rodaje para incorporarse de inmediato a la colosal "Lo que el viento se llevó" que, curiosamente, Vidor había rechazado dirigir.

Por esta negativa, el productor David O'Selznick no le guardó rencor y anteponiendo criterios netamente artísticos y conocedor de la valía de Vidor, no dudó en ofrecerle dirigir una superproducción que resultó tanto exitosa en la aclamación del público como tildada de obra maestra por la crítica, enmarcada en un western pero de tintes melodramáticos clásicos, "Duelo al sol", donde dos hermanos –encarnados por Joseph Cotten y Gregory Peck- rivalizan por una mestiza, interpretada por la novia del productor, Jennifer Jones.

En la década de los cincuenta, Vidor afrontaría la mayor producción de su carrera la cual llegó a convertirse en el mayor desafío de la historia del cine, ya que se trataba de adaptar a la gran pantalla la obra de Leon Tolstoi, "Guerra y paz", con el coste de producción más alto hasta esa fecha.

Recordada por espléndidas escenas y también por la dificultad que tuvo para extractar tan extensa obra, es de destacar el acierto a la hora de filmar las épicas batallas descritas por la pluma de Tolstoi, así como las interpretaciones dirigidas con gran acierto de los protagonistas principales, en este caso los recordados Audrey Hepburn, Henry Fonda, Vittorio Gassman y Mel Ferrer.

Si desafío supuso "Guerra y paz", no menos lo fue la siguiente producción: "Salomón y la Reina de Saba", a la que hubo que sumar el fallecimiento en mitad de la producción de su protagonista, Tyrone Power, al que tuvieron que sustituir por Yul Brynner.

Contando con 65 años, Vidor decidió retirarse para dedicarse a sus otras pasiones como lo eran la literatura, escribiendo un bellísima autobiografía a modo de relatos, la filosofía, la enseñanza del cine y, sobre todo, la pintura a la que dedicó un film postrero llamado "The Metaphor".

Vidor nos dejó a la edad de 88 años en la localidad californiana de El Paso Robles. Antes había recibido en 1979 el Oscar honorífico por toda su carrera y contribución al séptimo arte en el que fue uno de los pioneros, que abrió el camino a nuevos avances tanto técnicos como estéticos y figurará para siempre como uno de los creadores del lenguaje cinematográfico.

Y EL MUNDO MARCHA (THE CROWD) (1929)

Injustamente tratado por los críticos durante décadas, King Vidor se alza como uno de los más grandes creadores y pioneros del cine y tornan los comentarios que otrora zaherían su carrera y con sutil y parsimonioso ritmo cada día gana adeptos para su causa, que no es otra que el cine más puro y sincero; cuyos memorables planos y secuencias inspiraron a otros cuyas creaciones son tributarias del genio y la contumacia artística del director tejano.

Su cine, de profunda raíz humanista, se basa en una personal concepción de la vida como búsqueda de lo espiritual y, en sus propias palabras *"...cada uno de nosotros sabe que su mayor tarea en la tierra es realizar alguna contribución, por pequeña que resulte, a la inexorable marcha del progreso humano; ese camino que, como yo lo veo, no va de la cuna a la tumba, sino de lo animal o físico hacia lo realmente espiritual".*

Para rememorarle y alabar su genio, me he encontrado en la tesitura de elegir un film que hablara de su personal estilo y me he decantado por el film, a mi juicio, más arriesgado que llevó a cabo pero también el más personal, cuya esencia entronca con sus ideas del concepto de la vida antes expuestas y que no es otro que "The crowd" ("Y el mundo marcha").

Esta decisión me ha obligado a descartar otras dos obras maestras como son "El manantial" y "Duelo al sol", que por sí solas aquilatan lo mejor de este creador y que conservaréis en la memoria al tratarse de grandes clásicos de la época dorada de Hollywood que han perdurado hasta nuestros días.

En "The crowd", paradójicamente una película muda pero cuya fuerza expresiva hace que casi "oigamos" los diálogos, Vidor ofreció una clase magistral de lenguaje cinematográfico con hallazgos técnicos y estéticos desconocidos hasta la fecha de su realización, con un sentido de la epicidad y la lírica que le granjearon el respeto y admiración del mundo del cine.

La génesis de este film y los hechos que propiciaron que se hiciera realidad es la demostración palpable de la honestidad y bonhomía de su director. Un King Vidor en los albores de su prolífica carrera, sólo superada por el portugués Oliveira, que cada paso que daba en la vida estaba presidido por la ética más exquisita; valores que su madre le inculcó y que hasta el fin de sus días presidió su existencia.

"The crowd", la multitud en español, traducida al albur de algún burócrata pero esta vez con criterio como "Y el mundo marcha", puesto que ambas acepciones encajan a la perfección con el sentido del film y su tesis primigenia, nació del impulso de Vidor para plasmar una historia en imágenes con una impronta artística sin ambages, arrinconando cualquier atisbo de concesiones de cara al gran público, o lo que es lo mismo: crear algo que rompiera con lo establecido, arte en suma, en el más amplio sentido de la palabra.

Esa ética, esa moral, esa educación recibida por Vidor le impelió a presentarse ante Irving Thalberg, a la sazón jefe de producción de la Metro Goldwyn Mayer, y confesarle abiertamente su propósito de filmar "The crowd" bajo las premisas innovadoras que os he comentado y dejándole clara su intención de dar la espalda al gusto del público, con la consiguiente merma que se produciría en la recaudación futura del film en ciernes; algo que comprenderéis era contraproducente al tratarse de un negocio a fin de cuentas, donde obtener el máximo beneficio posible.

Vidor no daba un centavo porque Thalberg le apoyara, pero no conocía en profundidad al joven productor cuyo olfalto para el buen cine y el talento para impulsar obras imperecederas, dando oportunidades a verdaderos artistas, era conocido por todo Hollywood. Thalberg, subiendo la apuesta, respondió al joven realizador tejano que asumiría el riesgo de que las salas se quedasen vacías esgrimiendo con orgullo que la Metro Goldwyn Mayer eran tan gran estudio que podría permitirse hacer una excepción y financiar un proyecto que sondeara nuevas y arriesgadas formas de expresión cinematográfica, tal como Vidor le planteó la forma de abordar el proyecto que tenía pergeñado en su mente y listo para materializarlo.

Así se forja el destino, así las obras maestras, así los grandes hombres dan pasos de gigante para toda la humanidad y el arte, como signo de grandeza y forja de espíritu que nos aleja de lo puramente físico y material, tal como Vidor nos plantea en sus trabajos. Esta conjunción de arrojo, espontaneidad, fortaleza y sapiencia dio como resultado una de las películas transcendentales de la historia del cine y que señaló el rumbo para generaciones de cineastas influenciados por sus hallazgos que, aún hoy, podemos disfrutar.

Vidor había escrito el guion literario, en el que solicitó colaboración a un joven dramaturgo sin experiencia en el cine al que le unía gran amistad y concomitancias a la hora de abordar los temas de las obras que hasta la fecha habían tratado, llamado John V. Weaver, y que resultaría un éxito a la postre al dotar al argumento de una encomiable solidez estructural.

"The crowd" nos narra con singular ritmo una historia atemporal en todos sus extremos remarcada por el propio autor en su exposición que, si bien es ferozmente tributaria del más puro drama, muta en su tramo final en tragedia para concluir con un atisbo de esperanza que no borrará el tono de advertencia; en un alarde profético de los acontecimientos que un año después se producirían en el crack de 1929.

La historia da comienzo el día 4 de julio, día de la independencia estadounidense, del primer año del siglo 20 en una localidad que Vidor prefiere no indicar durante el metraje, en el que vendrá al mundo un niño al que su padre vaticinará el éxito durante su existencia; asegurando a todos que le proporcionará todas las oportunidades posibles para ello. El niño crece con la idea que su padre con vehemencia le inculca e, incluso en la escuela y con sus amigos, deja entrever su firme decisión para lo que no habrá obstáculos que le detengan.

Pero ya conocen al destino; ese que todos tenemos marcado y que es riguroso vigilante en nuestro devenir diario, disponiendo la ruta que nuestra existencia debe tomar en cada momento. Y esto es precisamente lo que le ocurre a John Sims, con todos los parabienes y bendiciones para triunfar en la vida, cuando en un giro inesperado con doce años pierde a su padre y con éste la vida acomodada y las oportunidades para lograr su fin, marcado desde su nacimiento.

Sin embargo Johnny Sims no pierde el ánimo y al cumplir veintiún años decide marcharse camino del éxito, augurado tantas veces, tomando un ferry a Nueva York. Mientras arriba a la gran ciudad, un pasajero le previene con ironía que se convertirá en uno más de la multitud que pulula por sus insondables calles y que puede acabar engullida por aquélla. Pero nuestro protagonista no se arredrará y con optimismo avanzará seguro de contar con esa oportunidad que presiente tendrá y sabrá aprovechar.

En la siguiente secuencia vemos a Sims como asalariado en la Compañía de Seguros Atlas, en la que traba una gran amistad con otro empleado de nombre Bert, quien le invita a pasar el fin de semana en Conney Island. Sims acepta y de nuevo el destino y sus giros hace que la novia de Bert se presente con una amiga llamada Mary.

El flechazo entre Sims y Mary es profundo y tras un brevísimo noviazgo deciden casarse y marchar de luna de miel a las Cataratas Niágara, donde Johnny, tan seguro de sí mismo como siempre, promete a Mary que en un corto período de tiempo vivirían en una de las lujosas mansiones neoyorkinas.

La vuelta a Nueva York pone las cosas en su sitio y, sueños ya desvanecidos, alquilan un modesto apartamento que cuenta con la particularidad de que los trenes prácticamente transitan cada momento por el dormitorio. El paso del tiempo, las promesas incumplidas y la rutina hacen naufragar a la pareja y comienzan a aflorar comportamientos nunca imaginados por ambos y las diferencias comienzan a hacer mella en su cotidiana convivencia.

No obstante, estos malos augurios son vencidos con la feliz noticia que Mary da a John: espera un hijo y, con la llegada de éste, volverán las promesas de triunfo y la persecución de quimeras hasta que, después de cinco largos años de penurias, lo único que consigue es un pírrico aumento de sueldo, ocho míseros dólares como repetirá él mismo, y el nacimiento de una nueva boca que alimentar.

La desesperación no hace mella en John que, decidido de nuevo a triunfar, tiene la ocurrencia de participar en un concurso de eslóganes de una compañía de limpieza. Sorpresivamente resulta ganador del certamen con un premio de quinientos dólares, lo que hace reverdecer sus ansias de éxito convencido que el viento de la fortuna sopla a su favor, dándole confianza para salir de la mediocridad en la que vive con Mary y los niños.

Pero el destino, presto para sembrar de obstáculos su vida, le tiene reservada la peor de las desgracias ya que al llegar a casa tras obtener el premio y cargado de regalos para sus hijos que están jugando en la calle, Mary se asoma para llamarlos y es entonces cuando un camión atropella fatalmente a la niña.

Este trágico suceso acabará por sumir a John en una profunda depresión en la que abandona su trabajo y, peor aún, Mary se marcha a vivir con su familia. Hundido en el pozo de la desesperación, la idea del suicidio va paulatinamente tomando forma en su dolorida mente.

Sin embargo, en un momento de lucidez, John reacciona y encuentra fuerzas para reponerse a tanta tristeza como le embarga y acude junto a Mary para rogarle que vuelva junto a él y, con su pequeño, retomar la vida en común. Mary acepta y en la escena que cierra el film vemos cómo, rodeados de una multitud, un atisbo de esperanza anuncia una vida mejor para ellos.

Éste es el argumento de una tan dramática como trágica historia en la que Vidor retrata con crudeza la cara más amarga del sueño americano, narrando las vivencias de un individuo de clase media y las dificultades para subsistir en medio de una ciudad apabullante en todos los sentidos.

En contraposición a los personajes de Capra, héroes en suma con vidas heroicas, Vidor nos ofrece el reverso en forma de individuo sumido en la mediocridad serpenteante entre la masa informe de la ciudad. Vidor hace un certero retrato de la clase media de los norteamericanos y, en paralelo, dibuja en trazos angulares la vida matrimonial con sus altos y bajos momentos, en un caleidoscopio donde nos hace reflexionar sobre el ineludible paso del tiempo y las ilusiones vanas que, día a día, van quedando en el camino que hacemos sin apenas darnos cuenta.

En un crescendo de emociones y una narración vertiginosa, vemos las vicisitudes del protagonista por etapas delimitadas y que van desde los momentos ilusionantes de la juventud, del temprano amor al matrimonio y su rutina, la llegada de los hijos, las penurias económicas que no tardan en aparecer, la frustración de no alcanzar el éxito profesional y el encuentro cara a cara con la mediocridad, la desesperación y el hartazgo que llevan a la claudicación.

En una descripción que roza el hiperrealismo, Vidor nos dibuja a John Sims con definidos trazos plenos de objetividad y alejamiento aséptico, al que vemos en diferentes situaciones frente a los demás protagonistas de la trama, y en el que apreciamos tanto su actitud a veces excesivamente egocéntrica, su ingenuidad que roza la más pura estupidez, la incapacidad para abordar problemas que requieren un coraje con el que no cuenta, cuando no auténtica cobardía, así como su actitud de escasa responsabilidad que tanto su mujer como la familia de ésta recriminarán a lo largo del metraje, no sin razón.

Si bien Vidor incide en su discurso sobre los problemas de este matrimonio de clase media enfrentado a los sinsabores de la vida, en paralelo reflexiona en el inexorable y para la época acelerado avance social, en el que las masas y, por ende, el trabajo ya masificado, se alza como un nuevo poder omnímodo y de ahí a un paso la inhumanidad; esa bestia horrible que nos acerca al abismo de los infiernos.

Cerca del centenario, este bello film es más actual que nunca cuando acecha el fantasma de una crisis no sólo económica sino de valores en nuestra sociedad actual, cuyas consecuencias presentimos con ánimo embargado y que no deseamos se hagan realidad por las terribles que tuvieron las anteriores y, en especial, la del 29; de la cual esta película es tristemente premonitoria.

Si su esencia está aún viva, dejando en evidencia a obras coetáneas que moran en el olvido, su estilo, realización y hallazgos técnicos y artísticos aún perduran y sirven de guía a nuevas generaciones de cineastas. Repasemos ahora todos estos hitos y los intérpretes que hacen tomar vida a los nacidos del sueño de un genio del cine.

Si de destreza técnica hablamos, comencemos por planos memorables que por sí solos valen por mil películas que desde entonces se hayan realizado. Y el primero lo encontramos en el arranque de la cinta, cuando asistimos a la muerte del padre de John Sims cuyo relato visual Vidor resuelve con maestría, situando la cámara en el punto más alto de las escaleras de la casa familiar.

Este punto de vista estático imprime dramatismo a la escena, que se desarrolla en dos secuencias ligadas que nos muestra en primer término la multitud arremolinada y de ella surge el pequeño John Sims subiendo las escaleras paso a paso, sobrecogido y transmitiendo una imagen de desolación y abatimiento que, insistiendo en el estatismo de la cámara, nos acerca hasta componer con parsimonia calculada un primer plano de aquél; contraponiendo la multitud quieta y expectante para lograr una fuerza expresiva de gran calado.

Si memorable es ésta secuencia, no lo es menos la más conocida de este film que el gran Billy Wilder homenajeó en su cinta "El apartamento" (1961), alabando así el hallazgo técnico de Vidor cuando coloca la cámara en una grúa y nos ofrece planos de grandes multitudes y espacios abiertos.

Así, en la escena imitada por Wilder la cámara hábilmente nos presenta a John Sims en su primer día de trabajo, llevándonos desde fuera de un enorme rascacielos neoyorkino hasta penetrar materialmente por una de sus miles de ventanas y encuadrar en primer lugar a cientos y cientos de grises empleados enzarzados en la más zafia burocracia, manipulando documentos con movimientos rítmicos y acompasados, que nos hace meditar en la tan terrible como mediocre sumisión del ser humano en la uniformidad, el abandono del libre albedrío y la pérdida de la identidad que nos hace ser únicos; en una suerte de degradación que nos hace dar un paso hacia los comportamientos más primarios y alejarnos de nuestro halo espiritual.

En este alarde técnico, Vidor deja la cámara pulular sin prisas pero sin pausa por los oficinistas hasta que encuadra a nuestro protagonista al que sólo identificamos por este motivo, perdido en el mar de seres semiclónicos que le rodean.

Pero hablemos ahora de los protagonistas que, insuflados por Vidor componen unos personajes que salen materialmente de la pantalla. Cuando Thalberg le da su aprobación para llevar adelante este proyecto, le cuestiona sobre los actores a contratar. Vidor le respondió que prefería dejar la interpretación para actores no en el cénit de sus carreras, y por el contrario a otros que la iniciaran, buscando dotar a la cinta de la mayor credibilidad y, sobre todo, crudeza.

Con el plácet de Thalberg, contrató en primer lugar a su entonces esposa, Eleanor Boardman, para el papel de Mary, una actriz sin mucho recorrido en la profesión aunque con trabajos valorados por la crítica. Para el papel crucial de John Sims contrató a James Murray y para los personajes secundarios se apoyó en actores del propio estudio, como Bert Roach y Estelle Clark.

Centrémonos en James Murray, a la sazón uno más de los miles de extras de la Metro Goldwyn Mayer que contaba con los dedos de la mano sus participaciones en películas. Sin embargo, fue el propio Vidor quien se fijó en él y supo ver desde el principio la capacidad dramática de Murray y su facilidad para transitar desde la comedia hasta la tragedia.

Acertó de pleno Vidor y Murray compondría un personaje de tanta fuerza que tras el estreno del film le fue difícil encontrar un nuevo papel por la gran carga de realismo que puso en el personaje de Sims, que el público rechazaba sin valorar el esfuerzo y la capacidad mostrada por aquél, mostrándose los productores reticentes a darle una nueva oportunidad. Pero Murray no se rindió y tras varios intentos recompuso su imagen y se hizo con un lugar en otras tantas películas que le auparon a la popularidad durante la década de los 30.

Precisamente esa fama duramente ganada, tan dulce como efímera, no consiguió administrarla son sapiencia y buen juicio, cayendo estrepitosamente en el pozo del alcoholismo; lo que supuso que fuera apartado de proyectos que le surgían al comprobar los productores el lamentable estado en que se encontraba con persistencia.

Tristemente la tragedia se cernía de nuevo sobre Murray, trasunto ya de John Sims, y en 1934 no sólo era un alcohólico empedernido sino también un vagabundo más en la gran urbe cuya existencia giraba en torno a la limosna que algunos le daban.

Es justo traer a colación de nuevo a su descubridor, porque Vidor quedó aterrorizado cuando se topó paseando por Nueva York con Murray, al que casi no reconoció. Lo encontró en unas condiciones lamentables y su bondad le hizo ofrecerle un papel en su próxima película, "El pan nuestro de cada día" (1934), pero le puso como condición que abandonara el camino, del lento suicidio con la bebida que había escogido.

El destino, de nuevo arbitro, y su orgullo hizo rechazar a Murray la "caridad" ofrecida por Vidor tal como éste relataría años más tarde con sentido pesar, máxime cuando conoció el triste final del gran actor que encarnó a Sims, hallado ahogado en el río Hudson y, según contaban diarios de la época, caído al fingir el ensayo de un nuevo film en un delirio provocado por el alcohol. Tenía 35 años y una vida marcada por una suerte esquiva.

Les animo a contemplar esta obra maestra, cuya vigencia tanto en su forma como en su fondo permanecen inalterables al inexorable paso del tiempo y cuya tesis cobra más valor cuando encontramos concomitancias evidentes entre las circunstancias de la época en que fue rodada y las actuales en las que se desenvuelve nuestra sociedad; abocada a un lamentable ciclo de penurias y pérdida de valores que nos arrastran a desandar el camino de progreso de la humanidad, poniendo en riesgo el bienestar de las futuras generaciones.

"Clouzot revela la naturaleza corrupta de personas aparentemente virtuosas".

Alan Williams

"LAS DIABÓLICAS" (1954)

(Les diaboliques)

Henri-Georges Clouzot

HENRI-GEORGES CLOUZOT

"El otro mago del suspense" o "El Hitchcock francés", como se siguen refiriendo a Henri-Georges Clouzot aún en nuestros días, nació en la localidad gala de Niort en el año 1907, donde transcurrió tanto su infancia y adolescencia como su juventud en los que fue alumno aventajado realizando estudios tanto de Matemáticas como de Derecho.

Clouzot nunca tuvo en mente dedicarse al cine, en realidad soñaba con ser marino y surcar los mares, lo que le llevó a presentarse a las pruebas de acceso a la prestigiosa Escuela Naval de Brest donde fue rechazado por causa de su miopía y que le supuso un gran desengaño.

Roto el sueño del mar y sus aventuras, Clouzot ya con los pies sobre tierra firme y necesitado de encontrar un trabajo que le diera estabilidad, enfoca sus pretensiones a la carrera diplomática, en la que también recibiría un revés. En 1928, el destino hace que el mundo del celuloide, hasta el momento sólo una afición, se cruce en su camino al ofrecerle una revista cinematográfica especializada colaborar como periodista.

Simultáneamente a sus reportajes en aquélla, Clouzot consigue ser contratado como secretario particular por el recordado músico francés René Dorin, al que unirá su faceta como escritor de letras de sus canciones que obtuvieron gran éxito en la época.

Sin embargo, un hecho de gran relevancia en el mundo del cine se convertirá para Clouzot en un punto de inflexión en su vida: la llegada del sonoro. De esta forma, fue contratado para adaptar guiones y diálogos al francés de las versiones de películas exitosas provenientes tanto de Norteamérica como de Alemania.

Tras sufrir una grave enfermedad y una larga convalecencia, rueda lo que supondría su debut como director: el cortometraje "Le terreur des Batignolles", para después trasladarse a tierras germanas ya como supervisor de doblajes. Al concluir esta etapa, regresa a Francia e inicia su carrera en el cine como guionista tanto para sus propios trabajos como para otros directores que se lo solicitan.

Durante la ocupación alemana en 1942, el Ministerio de Propaganda de Joseph Goebbels fundó la productora Continental Films, que sustituiría la producción made in Hollywood, en la que Clouzot haría su debut como director de largometrajes con el film "El asesino vive en el 21" (1942), una inquietante historia policíaca que le granjeará un prestigio inusitado para un recién llegado al oficio de cineasta.

Tanto es así que al año siguiente estrena "El Cuervo" (1943), visual y técnicamente superior a la anterior, pero cuyo tema central causó una fuerte polémica en su país que le reportaron críticas feroces, al retratar con crueldad la miseria moral de los habitantes de un hipotético pueblo francés.

Basada en un hecho real como fue el envío de cartas anónimas a los habitantes de un pequeño pueblo, con el consiguiente revuelo y zozobra que ello supuso para todos, Clouzot logró penetrar en la psique de los personajes a los que inmisericordemente describe cómo bajan de forma paulatina los peldaños de la ética y la moral, todo ello contado de una singular forma de suspense y ambiente de apasionante intriga.

Como consecuencia de lo anterior y para su desgracia, se inicia una campaña en su contra acusándole vilmente de "colaboracionista" de los alemanes que ocupaban el país; lo que le supuso la marginación de la profesión durante cuatro largos años.

Sin embargo, este tiempo no lo desaprovechó el genial director francés puesto que siguió escribiendo historias. Como prueba de ello es que, superado este lapso forzoso en el dique seco, reaparece con una película que marcará otro hito en su carrera como fue "En legítima defensa" (1947), que recibe el Premio Internacional al mejor director del Festival de Venecia, centrada en el crudo relato de un crimen execrable y que supuso su consagración como gran director al tratarse sin lugar a dudas de una obra maestra, en la que demuestra su dominio en la intriga psicológica y el tratamiento de las conductas de las personas en el que su profundidad y análisis hace aflorar su lado más sórdido y corrupto.

Como si se tratara de una personal revancha frente a los que tanto daño le hicieron, Clouzot encadena tras este film éxito tras éxito mientras observa taciturno las miradas y gestos de sus otrora enemigos, a los que literalmente oye el rechinar de sus dientes ante tanta sabiduría tras la cámara y, lo que más les provocaba ira, el beneplácito del público absorto ante la magnificencia de sus historias, arrebatadoramente intrigantes.

Desde sus inicios como periodista cinematográfico era conocida su admiración por el surrealismo y, sobre todo, Luis Buñuel, que le tenía en gran estima y así lo hizo público en repetidas ocasiones y, sobre éstas, cuando el genial maño contempló su obra "Manon" (1949), ganadora del León de Oro del Festival de Venecia, en la que tomando una historia de amor hace un viaje al fondo de lo surreal.

En la década de los cincuenta, donde alcanza su cénit, rueda primero "El salario del miedo" (1953), con la que recibe ya el reconocimiento internacional con un gran éxito de taquilla y ganando los festivales tanto de Berlín como de Cannes de ese año, con una historia de suspense trepidante en la que asistimos a las tribulaciones de tres camioneros unidos por la conducción de vehículos cargados de nitroglicerina por un mísero salario.

Sin solución de continuidad, Clouzot firma en 1955 un nuevo éxito y obra maestra, que a continuación analizaremos profusamente: "Las diabólicas" que literalmente le catapultaría a la fama internacional y sobre ésta la de Estados Unidos donde comenzó a ser llamado "el Hitchcock francés".

Sin ambages, sin exageración, realiza una de las cumbres del cine de suspense de todos los tiempos en los que despliega todas sus armas de cineasta, y sin aspavientos nos cuenta una historia sórdida en un triángulo donde la venganza más cruel será eje de la trama.

De nuevo su carrera incide en films con atmósferas inquietantes y crímenes llevados a cabo con frialdad y calculada crueldad con "Los espías", para posteriormente abrir un paréntesis en el que rueda el documental "El misterio Picasso", sobre la personalidad del pintor español afincado en Francia.

Vendría a continuación un nuevo éxito internacional, al recibir el Oscar a la mejor película en lengua no inglesa por el film "La verdad", que protagonizaría Brigitte Bardot. Este nuevo éxito auguraba nuevos hitos en su carrera, pero resultó ser a la inversa porque a partir de este momento entra en una espiral de decaimiento tanto personal como profesional, en el que sirve de ejemplo la película inacabada "L'enfer", sobre el tema de los celos; trabajo que Claude Chabrol con el paso del tiempo retomaría.

Clouzot falleció en 1977, y curiosamente prácticamente olvidado después de haber ganado para Francia una larga lista de distinciones y gozar del favor del público. Y debemos achacarlo también a que volvieron las insidias sobre su persona ya en el ocaso de su vida que airearon de nuevo su etapa en la Francia ocupada y su, supuesto, alineamiento con las tesis nacionalsocialistas jamás probadas.

Estas vicisitudes nos hacen recordar el paralelismo, salvando las distancias y los condicionamientos ideológicos, la feroz campaña de los críticos contra su alter ego británico Alfred Hitchcock, que le llevó a declarar al otro maestro del suspense: *me lo podréis quitar todo, menos mi talento*. Y eso era lo que también Clouzot atesoraba y cuyo legado permanece escrito en 35 milímetros para la posteridad.

LAS DIABÓLICAS (1954)

Como ocurre con la mayoría de los directores cuyas obras me permito recomendaros, cuando hablamos de Clouzot es obligado hacer un alto y reflexionar sobre la idoneidad de elegir para este fin una u otra de las muchas obras maestras que en su carrera nos dejó.

En esta ocasión, en la elección por "Las diabólicas" ha influido sobremanera que sea fiel seguidor de Alfred Hitchcock y esto es un factor determinante para que, como antes ya le definí, lo sea también "a pies juntillas" de su alter ego con acento galo, Henri-Georges Clouzot.

Dejaremos por tanto para otras ocasiones acercarles las otras dos obras determinantes de este singular autor, como son "El cuervo", tan controvertida como asombrosa técnica y artísticamente, y "El salario del miedo", un perfecto ejercicio de suspense y tensión dramática.

A nadie se le escapa que los "anglos" tienen sobre nuestro mundo una tenaza que domina gustos y tendencias, y no permite admirar otras formas de hacer cine, ya que controlan la mayor parte de la producción y, sobre todo, la distribución.

Por este motivo, el cine negro francés que goza de gran tradición y autores es para el gran público algo desconocido y exótico, si me permiten el término un tanto extremo, que conviene recalcar cuando traemos al primer plano un film de esta nacionalidad y características.

Prueba fiel de ello es el film que ahora os propongo, que constituye una obra maestra copiada en multitud de películas menores salidas de las factorías hollywoodienses y cuyo resultado ni siquiera hace sombra a los títulos de crédito del original.

Traemos a colación de nuevo a Hitchcock, quien se inspiró en "Las diabólicas" para rodar "Vértigo", su más grande film, confesando sin rubor su admiración por Clouzot, tan mago como él para crear angustia y desazón encadenando planos y secuencias inquietantes en una suerte de terror psicológico que deja huella a quien lo contempla.

Tanto es así que de la obra en que está basada "Las diabólicas" quiso adquirir los derechos el genio británico pero por horas llegó tarde, puesto que los autores ya los habían vendido a Clouzot. Para compensar a Hitchcock, Boileau y Narcejac, a la sazón los autores, escribieron bajo su encargo "De entre los muertos", que aquél convertiría en la inmortal "Vértigo".

Entremos ahora en el argumento de este film de Henri-Georges Clouzot de 1955, que les recomiendo paladear plano a plano, en la seguridad de que no se despegarán de su asiento en todo el metraje.

Con sutileza, con elegancia si cabe, con calculada calma, arranca la historia que nos narra pasiones y venganzas crueles, en una dicotomía expositiva y un crescendo estudiado que el espectador va asimilando mientras asiste impávido a los acontecimientos, expuestos con asepsia y objetividad por Clouzot.

Recuerda la forma de contar la historia a su admirado Buñuel, con esos planos encadenados directos que sobrecogen desde el inicio y que centran en escasos minutos el tema que lentamente se desarrollará y en el que se inspirará y tomará prestados momentos en la parte culminante del film, como es la mítica secuencia de la bañera, que hace alusión a la creada por Buñuel en "Un perro andaluz".

Sobre el guión escrito por el propio Clouzot junto a Jerome Geronimi, Frederic Grendel y Rene Masson, sobre la obra original de Pierre Boileau y Thomas Narcejac titulada "Elle qui n'etait plus", el director galo nos adentra en la cotidianidad de una escuela e internado de niños cuyos propietarios son un matrimonio, formado por Michel y Christina Delassalle.

El marido, odiado por todos los alumnos y profesorado, los trata con despotismo y, en especial, a su paciente esposa a la que humilla en público y maltrata con saña en la intimidad, quien resulta ser todo lo opuesto a aquél; una persona sencilla, buena, paciente y querida por todos.

Christina es la auténtica propietaria de la institución académica en la que, además de sustentar económicamente, aporta todas sus habilidades pedagógicas como eficiente profesora a la que los niños adoran sin excepción.

Por contra, su marido Michelle es quien disfruta el usufructo de su matrimonio interesado con ella ya que su extracción social, como queda de manifiesto en sus formas y comportamientos, certifican la distancia de caracteres y educación con su esposa.

Su mezquindad, su sadismo, su tiranía no tiene límites con sus congéneres. Por una parte vemos cómo se encarga personalmente de comprar el vino de menos calidad y precio más bajo para sus propios empleados los profesores, y para los niños les reserva la comida rancia que obliga a servir a los cocineros.

Las continuas humillaciones y maltrato en privado hacia su esposa no son nada comparable con su actitud en público, que es donde disfruta haciéndola avergonzarse y, en especial, sabiendo que es patente su relación adúltera con otra profesora, Nicole Horner, de lo cual alardea en público.

En una vuelta de tuerca de la historia y tensando Clouzot la trama, somos partícipes de la estrecha amistad que une a esposa y amante, unidas ante un ser vil y miserable que de igual modo subyuga y esclaviza moral y físicamente a ambas.

Sin embargo, Christina es lo opuesto a Nicole; la primera es un ser frágil, también en su aspecto físico enfermizo, de una inocencia extrema y una discreción que roza lo grotesco frente al maltrato de su marido que soporta con resignación; por el contrario, la segunda es fuerte y con rasgos cuasi varoniles en sus decisiones y arrojo para afrontar las situaciones.

Precisamente ese sufrimiento compartido, aunque vivido en escalas dispares de percepción, les une en una suerte de solidaridad frente al monstruo que cierne su dictadura sobre ellas y que mantiene el yugo más férreo en el transcurrir paralelo de sus vidas.

Pero todo tiene un límite y el padecimiento sostenido que ambas consienten les es cada día más difícil de soportar, porque es del que se alimenta la villanía del marido y amante, cuya seguridad en la sumisión de ambas mujeres le hace crecerse y elevar el tono de sus humillaciones.

Pues bien, ese límite es cruzado y Nicole, la amante, urde en silencio un plan para acabar con la vida de Michelle que, ya decidido, comparte con Christina, la esposa, a la que le cuesta aceptar pero finalmente Nicole la convencerá para que entre las dos acaben de una vez con la pesadilla que viven junto a Michelle.

No sin dificultades, llevan a cabo todo lo planeado convenciendo a Michelle para que acuda a una casa en otra localidad, que resultaba en la vida real la de nacimiento de Clouzot como dato anecdótico, y allí le drogan añadiendo sedantes a una botella de whisky para después, ya inconsciente, ahogarlo en una bañera.

Estamos en la mitad del metraje y, como es obvio, las cosas se complican cuando deciden arrojar el cuerpo sin vida de Michelle a la piscina del internado, en ese momento sucia y descuidada, con la esperanza de que salga a la superficie.

Con una tensión capaz de hacer estallar los corazones, ambas mujeres asisten impávidas al paso del tiempo y el cadáver sigue sin aparecer, incluso cuando los niños del internado juegan al lado de la piscina y se sumergen para buscar objetos arrojados a ella.

En otra vuelta de tuerca, y con la excusa de la pérdida de unas llaves, piden al mantenedor que vacíe la piscina. Una vez concluida la tarea, ambas mujeres queden sobrecogidas con el hecho de que no está el cadáver de Michelle. Esta circunstancia marcará el momento más tenso del film donde Clouzot desplegará toda su sapiencia y maestría en el dominio del suspense y la descripción de atmósferas cargadas de incertidumbre.

Hagamos un alto para hablar de los protagonistas. Por un lado, el papel de Chistina está brillantemente interpretado por la bellísima actriz brasileña Vera Clouzot, a la sazón esposa en la vida real del director, y cuyo aspecto frágil y delicado es uno de los hallazgos que pondremos en el haber de este gran director en su elección.

Vera hace una perfecta actuación contenida y de una intensidad dramática de primer orden que nos hace identificarnos con su padecimiento. Como anécdota, Vera falleció a los 46 años de un ataque al corazón, en una extrapolación de lo ocurrido en el propio film, salvando las lógicas distancias en cuanto a las causas de su infortunado fin.

Si hablamos del personaje de Nicole, no menos espléndida está Simone Signoret, la gran dama del cine galo, con un estilo propio y una forma de estar ante las cámaras que denotan su dominio de la interpretación, dándole a su personaje unos visos de verosimilitud difícilmente contemplados en la gran pantalla.

Cierra este fatal triángulo el gran actor Paul Meurisse, por cuya elección debemos alabar de nuevo a Clouzot, quien hace una creación sublime de Michelle Delasalle, dotándole de esos rasgos de extrema maldad y una perversión rayana con lo diabólico, que provoca en los espectadores una corriente de complicidad y anuencia con sus fatales ejecutoras.

Sin desvelar el final de la trama volvamos ahora al argumento de este film cargado de dramatismo, terror psicológico, intriga y suspense pero sin golpes de efecto ya que su concepción nace del más genuino estilo de lenguaje visual basado en los clásicos y no requiere sobresaltos para lograr sobrecoger nuestro ánimo.

De esta forma asistiremos, tras la perplejidad causada en ambas protagonistas por la desaparición del cadáver de Michelle, a una espiral de situaciones que pondrán a prueba los nervios de aquéllas, y por ende los propios espectadores, en las que comenzarán los reproches mutuos y la aparición de rencillas por cargar las culpas mutuamente.

Paralelamente se desata una frenética búsqueda del cadáver de Michelle, en la que Christina se muestra enérgicamente decidida a su localización frente a la mayor pasividad de Nicole, y en la que se verá envuelto un personaje que entra en escena a instancia de Christina, casi inconscientemente, como es el caso del viejo comisario retirado Fichet, interpretado por el actor Charles Vanel, cuyas pesquisas aún provocarán situaciones que incrementarán la desazón en aquélla.

Con el desarrollo, secuencia a secuencia, de los acontecimientos el embrollo en la trama se hace pura tensión que acaba con la salud quebradiza de Christina que empeora gravemente, máxime cuando comienzan a aparecer pequeños detalles relacionados con su marido que indican que aún vive o, como llega a suponer, vuelve de forma fantasmal.

Por su parte, Nicole permanece fría y distante frente a Christina que, sumida en la mayor desesperación, sugiere confesar el crimen a la policía ya presa de los remordimientos que no le permiten mantener la serenidad, sobre todo cuando uno de los niños del internado es castigado por asegurar vehementemente que ha visto al director.

Hasta aquí esta sucinta recreación del argumento de esta gran obra de suspense más valorada por la crítica de su director, situada en la cúspide del cine de todos los tiempos en la que Clouzot forja el molde del perfecto "thriller".

Su desarrollo ofrece al espectador en dosis finamente calculadas giros y puntos de vista de la historia que le hacen sumergirse en el torrente de la historia y dejarse llevar, incluso con leves licencias que pueden rebasar la lógica, hacia un final que deja un poso de inquietud en su ánimo.

Para plasmar este film, Clouzot introduce elementos que beben de la tradición del más genuino cine del otro lado del atlántico, por supuesto del universo hitchkoniano en una simbiosis con el gran director británico que en respuesta haría referencia a este film en "Vértigo" y cuya influencia advertimos notablemente en secuencias como la del crimen y su milimétrica planificación.

Simultáneamente, le dota de toques surrealistas y, sobre todo, de la escenografía y lenguaje visual cercano al expresionismo teutón, del que esta película no dudo en señalar paralelismos en muchos de sus aspectos formales y aquellos que hace referencia a elementos que rozan en el tramo final lo sobrenatural.

Brillante podríamos tildar su puesta en escena, para lo cual y en un parangón estético de la historia que nos cuenta, elige unos decorados donde la podredumbre es protagonista, muebles viejos, cortinas raídas, y donde la decadencia tanto física como moral se advierten en cada plano.

En ese entorno no apto para claustrofóbicos henchido de malignidad, donde los niños, los profesores y, en especial, las dos protagonistas femeninas, viven cada día ese infierno de tiranía y sadismo cruel que hace de ese lugar un infierno de tonos grises y sombras tenebrosas.

Si brillante tildamos la puesta en escena, no menos la fotografía primorosa del operador en quien confió plasmar el film, Arman Thirard. Acertó de lleno basándose en la creación de planos muy cercanos a los utilizados en el expresionismo alemán, y en concreto las enseñanzas de Murnau, que resaltan la intensidad dramática y el suspense de la historia, incrementado el tono de sordidez que Clouzot le encargó hacer realidad.

Sin duda, les animo a contemplar esta obra estremecedora llena de maldad y venganza, una de las cumbres del cine francés, para disfrutar de una historia que les dejará huella, garantizándoles que no se levantarán durante casi dos horas del sillón y, sin parpadear, queden atrapados por una historia que elevará su tensión para hacerles difícil después conciliar el sueño.

Finalmente os pido que sigáis fielmente la recomendación que Clouzot introduce en los títulos de crédito a modo de advertencia, y que reza así:

"¡No seáis diabólicos! No destruyáis el interés que vuestros amigos podrían obtener de esta película. No les contéis lo que habéis visto. Os doy las gracias de su parte."

"El sueño americano no es el dinero; sino la felicidad y la libertad".

Frank Capra

"CABALLERO SIN ESPADA" (1939)

(Mr. Smith goes to Washington)

Frank Capra

FRANK CAPRA

Francesco Rosario Capra, al que todos conocemos por el nombre de Frank Capra, nació en Sicilia en 1897 pero su infancia transcurrió desde los seis años en la localidad californiana de Los Angeles, a donde emigró junto a sus padres en 1903. Transcurrieron su adolescencia y juventud alternando pequeños trabajos con los que poder permitirse una educación acorde con su inteligencia, que ya destacaba en cuanto acometía.

De esta forma, reunida la cantidad suficiente, se inscribe en el Instituto de Tecnología de California y, simultaneando durante sus estudios el trabajo en diversos oficios, consigue graduarse en 1918 como Ingeniero en Química con las más altas calificaciones.

Con el título obtenido se enrola en el ejército estadounidense que combate en la Primera Guerra Mundial, haciendo funciones de profesor durante dos años y ser licenciado al contraer la fatal gripe denominada "española", si bien conocemos que la epidemia era de origen asiático.

Ya ejerciendo de veterano de guerra y con un título de Ingeniero Químico que no le abría demasiadas puertas, sus comienzos, como no pudo ser de otra forma, fueron en el cine mudo y ciertamente de forma un tanto rocambolesca si tenemos en cuenta que simuló ser un personaje de la industria de Hollywood para le permitieran rodar en 1922 su primer cortometraje "The ballad of Fultah Fisher Boarding House".

A partir de ese momento, Capra se volcará con su nuevo oficio una vez que logra ser contratado ya como guionista del gran Hal Roach y, más tarde, en los estudios de Mack Sennet, en los que ya colaboraba en los cortometrajes del genial Harry Langdon y sus chicos.

Precisamente esta cercanía y colaboración estrecha con Langdon, le proporcionaron a Capra el combustible de lo que pronto sería su proyecto cinematográfico al correr el tiempo y con él aprendió realmente el oficio de cineasta.

Pero vayamos por partes y, antes de lograr el mayor de los estrellatos, el destino hace que entre en los estudios Columbia y en esta ocasión puede desplegar toda su capacidad para contar historias no sin antes vencer la obstinación de los productores que veían arriesgadas sus apuestas por hacer un cine excesivamente innovador para sus gustos.

El film que abre el camino del éxito es "La jaula de oro" (1931), en el que ya lo escribe junto a su alter ego Robert Riskin quien elabora los espléndidos diálogos que la crítica denominaría "fórmula Capriskin", en clara alusión a la unión de dos extraordinarios cineastas cada uno en su especialidad y que, complementariamente, daban lugar a historias vibrantes.

En éstas, el eje lo constituye la temática social y, en concreto, se centran en individuos sencillos que se ven abocados a luchar armados con sus ideales contra personajes e instituciones donde anida la corrupción.

De esta fecunda etapa de Capra y Riskin surgen geniales obras como "La locura del dólar" (1932), "Sucedió un noche" (1934), que le reportaría su primer Oscar de la Academia de Hollywood como mejor director y cuyo colosal éxito le permitiría el lujo de filmar cuanto deseara sin trabas de los dueños de los estudios y en la que sus protagonistas, Claudette Colbert y Clark Gable se consagrarían, "El secreto de vivir" (1936) que sería su segundo Oscar en idéntica categoría, "Horizontes perdidos" (1937), "Caballero sin espada" (1939), que enseguida analizaremos en profundidad, "Juan Nadie" (1941), y la que todos conocen como su mítica película, "Qué bello es vivir" (1946).

Como confesaba el propio Capra, no era gratuito que el mensaje de sus películas desde 1935 fuera de gran carga ética donde la solidaridad tomaba forma humana en personajes que han quedado para la historia del cine de todos los tiempos, y esto fue así concienzudamente trasladado a los respectivos guiones tras sufrir el gran director de origen italiano una gravísima enfermedad, que le hizo reflexionar sobre el sentido de la vida y la forma de afrontar los problemas cotidianos.

Sin lugar a dudas es el máximo exponente de la comedia clásica norteamericana, a la que dota de un humor pleno de inteligencia y elegancia aunque él mismo prefería que no le encasillaran en esta vertiente del cine. Abogando por ello, acometió proyectos de otros géneros como el drama, con "La amargura del general" o el policíaco con "La sortija que mata", aunque bien es reconocer que no contó con el éxito obtenido en sus memorables comedias.

Tampoco era gratuita su forma de plasmar las historias y cómo lo hacía, porque también confesaba detestar toda la falsedad inherente al teatro y presumía de que había aprendido el oficio en su propia escuela, que era la calle donde le gustaba rodar, afirmando siempre que su plató era el mundo real y donde desplegaba su discurso sobre el realismo social.

Muy importante fue su contribución patriótica, que siempre llevó a gala, durante la Segunda Guerra Mundial en la que participó rodando sendos documentales donde la propaganda política constituía su esencia.

Ya en 1946, al concluir la contienda, y tras fundar Liberty Films junto a George Stevens y William Wyler a modo de compañía independiente, Capra rodó dos de sus éxitos más memorables como fueron la citada "¡Qué bello es vivir!" (1946) con la pareja James Stewart y Donna Reed, y "El estado de la unión" (1948), con los geniales actores Katharine Hepburn y Spencer Tracy.

Especial atención merece "¡Qué bello es vivir!" (1946), que convendrán conmigo que es la película internacionalmente más conocida de Capra; contando con la contrapartida de no ser demasiado bien considerada por muchos, lo que le añade, según mi personal punto de vista, mucho más interés.

Es la película más clásica de la Navidad en multitud de países y su mensaje es difundido cada año y sigue emocionando a generación tras generación. Nominada a cinco estatuillas, ha renacido por motivo de la expiración del copyright que la hacía de dominio público y por lo tanto muchas cadenas creyeron que podían emitirla sin abonar derechos.

Sin embargo, los royalties continúan puesto que tanto la música como el guión siguen teniendo derechos y desde la resolución de un tribunal norteamericano sólo pueden emitirlas diversas cadenas; lo que no ha podido quitarle su sitio de honor como una tradición navideña más, en especial en los Estados Unidos donde este período festivo es el más importante del calendario.

Precisamente en estos títulos de postguerra como es el caso de "Que bello es vivir", las historias de Capra se transforman hacia otro tipo de individuo, aunque también héroe en solitario, cuya tarea se centra en hacer salvaguardar la justicia frente a los que ningunean los principios éticos que deben guiarnos.

A partir de los cincuenta su cine fue decayendo, y en los que sólo rodó diversos documentales de carácter científico y en los sesenta se despidió de los platós rondando "Un gangster para un milagro" (1961), en la que dirigió a Bette Davis y Glenn Ford en una historia que no tuvo la fuerza de sus grandes obras maestras de los 30 y 40.

Antes de retirarse definitivamente, entre otras cosas al lamentar la pérdida del mando artístico sobre sus propios actores según amargamente confesó, inició la producción de un film de ciencia-ficción que deseaba fervientemente llevar a cabo, pero diversos avatares relacionados con su financiación acabaron por desbaratar el proyecto que nunca vio la luz.

Desligado del mundo del celuloide y retirado en su mansión californiana de La Quinta, decidió escribir y publicar su autobiografía, bajo el título "El nombre sobre el título", que hacía referencia a un hito de su vida al ser el primer director cuyo nombre se antepondía al del título en los créditos de sus films, y en la que haciendo un autorretrato de su persona hacía un recorrido por los avatares hollywoodienses.

Capra nos dejó en septiembre de 1991 cuanto contaba con 94 años y su obra ha sido vapuleada desde todos los extremos; desde los que estaban a su favor y los que estaban en su contra, y además ambos bandos irreconciliables. Sin embargo, ninguno de ellos puede dudar de su genialidad, de su colosal legado, su influencia en generaciones que vieron sus films y su puesto en lo más alto de los directores clásicos de todos los tiempos.

Podrán existir divergencias en los mensajes de sus films, de su idoneidad, pero tampoco se puede negar la altitud de miras que contenían y la difusión de principios éticos y morales de los que adolecemos, y es justo reconocerlo.

No se podrá criticar su manera de transmitir optimismo y su visión del regalo de la vida en el contexto en el que se desarrollan sus obras maestras, marcado por la Gran Depresión que sumió a los norteamericanos en el período más tenebroso de su historia como país.

Algunos lo ven como un furibundo conservador, achacándole su tendencia por personajes que se mueven entre el conformismo extremo y el individualismo más acendrado. Otros tildan su cine de ñoño, burdo o incluso de una ingenuidad calculada. Por supuesto que éstos son los menos que abjuran del cine de Capra, al que aún así no pueden negar la calidad fílmica de sus obras y la huella que, aún hoy, deja su visionado.

Nadie como este siciliano de nacimiento y norteamericano de adopción supo plasmar en el cine sentimientos tan excelsos y puros como la bondad, la generosidad y de forma sublime la belleza de la vida.

CABALLERO SIN ESPADA (1939)

Frank Capra

Me he decantado por este gran film de Capra puesto que creo que es la más conseguida de todas sus obras maestras, que podemos contar a pares, y que supera a las otras dos que pueden hacerle sombra cuales son "Sucedió una noche" y "Qué bello es vivir"; que sin embargo confieso ocuparían sin desmerecer este privilegio.

Y esta decisión la he basado, amén de sus cualidades cinematográficas, en la capacidad que tiene esta película para transmitir emoción y contar con el final más trepidante que pueda idearse para un film, sumado a una conjunción en la que se cruzan la perfección del guión, con unos diálogos que fluctúan sin apenas transición de la comedia al drama y la sublime interpretación de James Stewart, Jean Arthur, Claude Rains y Thomas Mitchell, que dan vida a personajes que, como en todas las grandes obras, casi podemos tocarlos.

Antes de entrar en pormenores y valoraciones estilísticas, entremos en el argumento que nos ofrece una historia que requirió una gran osadía en el contexto que se realizó y sólo conociendo las virtudes y contando con el prestigio del que ya gozaba Capra en 1939, la hicieron posible.

El comienzo del film es el final de uno de los venerados senadores estadounidenses, cuya puesto vacante y conforme a su Constitución debe ser ocupada por un nuevo representante.

Este trámite en otras ocasiones no requiere celeridad, pero en las circunstancias en que está la inminente aprobación de una nueva ley elevada para ello por el ilustre senador Paine, con la que propone la construcción de una costosa y gigantesca presa, será el desencadenante de la historia que será el núcleo de la película.

Bajo el manto de la honestidad, pulcritud y honorabilidad contrastada por una larga trayectoria en el Senado de Paine, serpentea un vil plan de corrupción urdido en la sombra por el poderoso magnate Jim Taylor que, con toda la fuerza de su inmensa fortuna, controla a todos los políticos y a los medios de comunicación.

Se van proponiendo, con la anuencia de Taylor, diversos nombres de candidatos a ocupar el puesto vacante, vital para sacar adelante la aprobación de la ley que hará enriquecerse tanto al magnate como a los políticos corruptos, y entre todos aparece el nombre de un tal Jefferson Smith.

Lo cierto es que este candidato, un tal Smith de un pequeño pueblo de la América profunda, es sólo un joven de grandes ideales aunque algo trasnochados sobre la joven democracia estadounidense y, a simple vista, susceptible de ser embaucado para que vote a favor de la construcción de la presa.

El perfil del candidato sube enteros en las apuestas, animadas por su ingenuidad, para designarlo a dedo al contar con un factor determinante para la trama de corrupción. Y es que el padre, ya fallecido, de este joven de principios tan admirables y honestos resultó ser gran amigo en su juventud del senador Paine y, por lo tanto, su hijo confía plenamente en el juicio de éste.

Smith es definitivamente elegido para ocupar la vacante y sin dudarlo se presenta en Washington, en cuyo primer día de trabajo y de emoción desbordada por la responsabilidad recibida, ya propone la creación de un magno campamento juvenil, donde formar a la juventud norteamericana en los grandes ideales en los que cree firmemente y le fueron transmitidos por sus padres.

Paine, al conocer este proyecto y en un principio, le anima a seguir adelante con él, aunque sólo es una burda estratagema para así mantenerlo distraído mientras tanto él como los demás miembros del partido preparan sigilosamente la aprobación de la ley que les hará aún más crasos y satisfaciendo las exigencias del magnate Taylor, a quien todos le deben su carrera política.

Tan grande es la candidez de Smith que en una noche pretende tener redactada la ley que hará posible el soñado campamento juvenil. Y a este espectáculo con tal derroche de ingenuidad asiste conteniendo la respiración su ayudante personal, Clarissa Saunders.

Clarissa es joven, inteligente, tan atractiva como cínica y, de vuelta de todo, es conocedora de la tela de araña que se cierne sobre el honesto Smith y su fatal desenlace que presiente. Por esta causa, se resistió antes de aceptar estar al lado de este joven idealista y al que no duda en señalarlo como infantiloide.

La joven se debate durante gran parte de la primera parte del metraje entre vaivenes de su conciencia, presa muchas veces de su futuro y bienestar pero paulatinamente despreciándose a sí misma por su actitud ante la bonhomía de Jefferson Smith en el que reconoce, junto a actitudes de adolescente, un corazón donde late todo un caballero cuyo honor y bondad son su escudo de armas.

Tal es la lucha interna a la que se ve sometida que, no pudiendo aguantar más la situación y sus propios remordimientos, máxime viendo cómo el plan contra Smith toma cuerpo, decide hacerle bajar de su mundo de seres puros y hacerle enfrentar a la dura y podrida realidad que le circunda contándole toda la verdad y los auténticos y oscuros designios que, de una forma u otra, le harán cumplir quienes detentan el poder real del Congreso y sus decisiones.

Clarissa, tras revelarle toda la verdad, decide dimitir de su trabajo y el joven senador, perplejo ante lo que jamás pudo adivinar, quijotescamente toma el camino que sus principios le marcan e inicia un periplo que le llevará al enfrentamiento con los responsables del maquiavélico plan del magnate Taylor, sin ser consciente del poder que tanto él como toda la maquinaria a su servicio cuentan para aplastarle.

Capra, junto a sus guonistas en cuyo plantel en esta ocasión no estaba Riskin si bien el personaje es puramente de su factoría, hábilmente divide el film en dos mitades bien diferenciadas, dotando a cada una de éstas de atmósfera opuestas, tanto en su forma como en su esencia.

La primera parte, que abarca hasta la escena en la que este héroe con poca astucia pero de grandes ideales y por boca de Clarisa conoce el entramado de corrupción en el que está envuelto el Congreso, es la que identificamos ciertamente con el universo capriano, donde reina con su comedia de tintes populares cuyo mensaje llega directo al corazón del público, que adoraba su forma de contar historias.

Ni que decir tiene que la elección de James Stewart para caracterizar al noble y joven senador Smith es uno de los grandes aciertos de Capra, puesto que es el papel de su vida, a mi entender por encima de "Vértigo", apoyándome en que difícilmente podemos encontrar en la historia del cine tan extraordinaria transición que lleva a cabo Stewart desde la más extravagante comicidad, con esas poses de ingenuidad que él sólo sabe hacer, hasta las escenas de una carga dramática que da verosimilitud a su personaje, como es el caso de las escenas finales donde, en las antípodas de lo anterior, ofrece una vívida imagen de las desesperación.

Así, Capra nos muestra en la primera parte todo el arsenal de comicidad, en el más amplio sentido del término, del personaje que dibuja una sonrisa cómplice en el espectador cuando contempla, no sin una chispa de perplejidad, cómo el joven Smith no se le ocurre otra cosa que llevarse de su pueblo palomas mensajeras, con el fin de poder enviarle cartas a su anciana madre; todo ello con un toque bucólico impagable que sólo Capra podía hacer y salir indemne.

Más jocoso aún, y donde Stewart revela su talla como gran actor, son los momentos donde vemos jugar a Capra con sus expresiones de profunda timidez cada vez que se acerca a cualquier señorita y, en especial, la hija de su protector, el senador Paine.

Y como colofón, resulta desternillante la secuencia en la que junto a Clarisa hace un recorrido por la capital estadounidense y Capra nos muestra su cara de emoción, absorto al ver los monumentos históricos norteamericanos que le hace perder el juicio señalándonos y profiriendo gritos fuera de sí, ante la atónita mirada de Clarissa.

Es precisamente en esta parte de la película donde acertamos a entrever la inteligencia y perspicacia del director siciliano, jugando al escondite con sus detractores que, si ahora no son pocos, entonces eran legión y, sobre todo, entre el mundo del periodismo al que Capra pone en la picota en esta su obra maestra despachándose a gusto y haciendo una reflexión sobre su poder sobre la sociedad, en la que juega un papel cómplice de la corrupción.

Y esa sabiduría a la que aludo se refleja en la forma en que nos muestra al joven idealista paseando por Washington, y en especial, la secuencia de mayor carga emotiva de la visita al Lincoln Memorial, con un Stewart antológico cumpliendo su papel a rajatabla según las ideas del maestro Capra, imprimiendo un halo de profunda complicidad con el personaje que lo hace vivir materialmente.

Estas escenas, claves en esta primera parte en la que Capra dibuja con trazos de estudiada comedia almibarada, son las que a sus detractores les sirven para vituperarle y acusarle de reaccionario manipulador de símbolos patrióticos. No obstante, les animo a contemplarlas para reflexionar sobre cómo están insertas a conciencia en el primer tramo del film y no al final, como hubiera sido más categórico el discurso de trasnochado patriotismo.

Para mí, y espero que para vosotros también, esta forma de hacerlo es porque la astucia de Capra quería hacernos ver todo cuanto el personaje del joven idealista creía y la forma tan sincera de hacerlo, pero con la intención de que hacer una crítica furibunda y demostrar que justamente esos ideales, esos valores puros en la segunda parte comprobaremos como han sido corrompidos arteramente por quienes detentan el gobierno, al que Capra se atreve a poner en la diana de sus críticas a través de una historia de tintes tragicómicos donde se transita desde la risa a la emoción contenida, desde la carcajada al engaño que nos desencantará.

Ese desencanto que nos hará bajarnos a la arena de la realidad, donde la vida es dura, despiadada y cruel, y los individuos están al albur de los poderosos, apoyados en sus desaprensivos adláteres, que rigen la sociedad es el que sufrirá en sus propias carnes en la segunda parte de esta gozosa película Jefferson Smith, el tal Smith, apenas un joven, casi un niño tal como siempre lo ve Clarissa Saunders, vapuleado por una turba de desalmados corruptos bajo la pátina de la solemnidad de las columnas del Congreso norteamericano.

Porque este muchacho no le caracteriza la astucia, más bien lo contrario, y su pose, ademanes e ideales "quijotescos" hacen de él un héroe realmente "capriano"; sólo ante el monstruo de la corrupción a la que se atreve a presentar singular batalla sin contemplaciones.

Pero no sabe el poder de su contrincante y sus poderosos aliados en el periodismo, del que se servirá para desacreditarle en cuanto conocen su intención de parar los pies a los que quieren aprobar, encabezados por el otrora admirado senador Paine, la ley tramada por el magnate Taylor.

Dolorosamente para él, ese descrédito será puesto en negro sobre blanco en toda la prensa, controlada con mano férrea por Taylor, y manipularán al público con pruebas amañadas para acusarle de un falso enriquecimiento con la ley que pretende formar a niños y jóvenes en valores patrióticos y ecológicos con la construcción y puesta en marcha del campamento juvenil.

Y más desánimo no cabe en él al comprobar cómo su amigo y protector ha sido el primero en señalarle autor de una tan vil como falsa acusación, justo al lado opuesto de su sincero espíritu de servicio para su país.

Noqueado al principio por este giro de los acontecimientos, y rehusando a defenderse, como todos los héroes nacidos de la preclara mente de Capra, Smith se revuelve revestido de sencillez y humildad pero con coraje y, "sin espada", se alzará como un caballero medieval en pos de sus ideales.

Llegamos ahora a la parte final y más densa del film, la de más carga emotiva y trágica por los acontecimientos en los que culminarán, y donde Capra —en el cénit de su dilatada carrera- desplegará su enorme sapiencia cinematográfica para lograr algunas de las escenas finales más geniales de cuantas se han rodado en la historia del cine de todos los tiempos; siendo difícil encontrar un parangón por la fuerza dramática y la tensión emocional que consigue en el espectador.

Se inicia esta singular batalla contra los corruptos en el propio Senado estadounidense, que en un alarde de los técnicos y según las instrucciones de Capra se recreó fielmente en el plató, formando parte del elenco artístico con total merecimiento.

Tras celebrarse el juicio contra él y en la reunión del día siguiente en el Senado ya recibida la orden de expulsión de éste, conociendo bien las leyes de funcionamiento de la más alta instancia norteamericana y su estricta observancia al respecto, Smith consigue no sin esfuerzo que le cedan el turno de palabra para realizar un alegato en su defensa.

Tal como ya conocía y en esto basará su tan premeditado como rocambolesco plan, si permanece hablando sin descanso y no cede el turno de palabra no podrá ser expulsado.

Tuerce esta estratagema de Smith los planes de los corruptos y el propio Paine hace que todos los senadores controlados tanto por él como por Taylor, el magnate, no le presten atención ante todo cuanto diga; a lo que Smith, incansablemente, y confiando en que la prensa se hará eco de su actitud y razones para llevarla a cabo tan desesperadamente, responde hablando sin parar hasta la extenuación desde su sitio.

Es ésta la cumbre de Frank Capra en la dirección y la de James Stewart en la interpretación, cuando le vemos luchar demacrado frente a un gigante, desvalido y exhausto, sin picardía, que le hace más grande en su combate; es un redivivo David enfrentándose al Goliat que tiene secuestrado a su país, del que se siente enamorado y así lo declara públicamente sin rubor, aún a sabiendas de que muchos le repudiarán por ello, pero también intuyendo que la corriente de solidaridad, la fortaleza de sus principios y la transparencia de sus actitudes le harán convencer a todos de su triunfo final, aunque agónico, sobre tan armado enemigo.

De esta forma, tras pasar veintitrés horas sin parar de hablar y en pié junto a su escaño en el Senado, con la emoción dibujada en el rostro de cuantos presencian la escena desde los sillones habilitados para el público, entre los que se encuentra Clarissa que, al conocer que los corruptos han impedido difundir en los medios lo que ocurre en el Senado, sugiere utilizar a los Boy Scout para que en su periódico local publiquen un reportaje sobre la titánica lucha de Smith.

Elevando el nivel de tensión, conforme a los cánones caprianos que inciden en el dramatismo desaforado en sus films. el magnate Taylor ordena atacar a los niños y detener la publicación en un acto de crueldad intolerable, inédito en la historia del cine hasta esa fecha. Esta era la última bala que quedaba en el revólver de Smith y, exhausto, cae derrumbado.

El héroe ha sido derrotado, los poderosos, los corruptos, han triunfado finalmente y así vemos alborozados a todos sus secuaces, sabiendo que el camino está libre para incrementar sus fortunas y seguir engañando a los ciudadanos en una cadena sin fin que renueva su poder, impulsados por el dinero obtenido ilícitamente.

Pero esto es una historia de Frank Capra, y aunque Smith yace tendido en el suelo del campo de batalla, fatalmente herido por la injusticia, sus historias cuentan siempre con la esperanza en algo sobrevenido, inesperado y que nos hace reconciliarnos con la vida y sus vericuetos; que por otra parte es el corolario de los films de Capra.

Y en esta ocasión, el triunfo del bien sobre el mal, que ya creíamos victorioso, es postrero y cual Cid Campeador, Smith cabalga a lomos de su caballo que galopará por la conciencia del senador Paine, cuyos remordimientos le harán intentar suicidarse, para a continuación y fracasado el intento declarar públicamente la veracidad de las palabras del joven Smith asumiendo la culpabilidad de cuantos actos realizó en su contra.

Conviene ahora poner las cosas en su sitio y hablarles de los actores que acompañan a Stewart, en el papel de su carrera y que presintió desde que comenzó el rodaje, para no ser injustos tanto con ellos como con Capra, que fue quien los eligió conociendo al altura de su arte.

En primer lugar, junto a Stewart, eligió a su actriz favorita con la que había alcanzado las más altas cotas, Jane Arthur, en aquellos momentos la más grande actriz de comedia admirada por la crítica especializada y adorada, literalmente, por el público; una belleza llena de inteligencia y saber estar ante las cámaras, donde se desenvolvía con una elegancia sin parangón y que en este film consigue que su nombre quede ligado eternamente al de Clarissa.

En segundo lugar, y dando la réplica a Stewart, le encomendó el papel al gran Claud Rains, quien hizo una creación del senador Paine cuya calidad interpretativa está, al menos, a la altura de su papel mítico para Michael Curtiz en Casablanca, por el que el gran público también le reconoce.

Finalmente y donde Capra siempre acertaba de pleno era en el plantel de actores, a los que se llaman erróneamente secundarios, encabezados por el simpar Thomas Mitchell, que encarna el periodista amiga de Clarissa, eternamente enamorada sin correspondencia de ella, y de aficiones etílicas, bordando el papel con la calidad artística que le caracteriza y que le llevó a interpretar papeles en películas míticas de los más grandes directores de Hollywood.

No menos recordados los magníficos actores de reparto, Harry Carey, en el papel de presidente del Senado y Edward Arnold, a quien ustedes recordarán puesto es el arquetipo de personaje que encarna a la perfección a los villanos de las películas de los 30 y 40, haciendo una colosal interpretación del magnate corrupto, Taylor.

Este film, cuya contemplación les urjo a realizar si aún no han tenido el privilegio de hacerlo y de volver a disfrutarlo si ya lo han hecho, tuvo en su época, final de los 30, un impacto que se movió en dos vertientes. Por un lado fue un éxito sonado de taquilla y por otro abrió un frente de polémica en diversos sectores que se sintieron aludidos.

El primero de éstos fue el de diversas fuerzas políticas que exhibieron públicamente su rechazo al retrato tan duro y descarnado que hacía de éstas Capra, y el segundo el mundo de la comunicación, ya que en el propio estreno la prensa la recibió con gritos y abucheos al comprobar el papel reservado a los periodistas en el film, tildados de corruptos y borrachos, no perdonando las veleidades con la bebida del periodista encarnado en el film magistralmente por Thomas Mitchell.

Pero les digo que, precisamente este rechazo de algunos sectores, algunas críticas interesadas en su contra, alimentaron el éxito de Capra y su propio ego puesto que había conseguido lo que pretendía: dar una bofetada al sistema que creía, como el protagonista de su film, corrupto y vacío de los ideales que forjaron Norteamérica, su país de adopción y del que se sentía profundamente patriota.

Vuelvo a insistir en que creo que es la obra maestra por excelencia de Capra y en la que consigue todo cuanto soñó desde que comenzó su exitosa carrera, y donde despliega toda su sabiduría e ideales, basados en la creencia de que la bondad es inherente a los seres humanos y que siempre prevalecerá sobre la adversidad.

Para Capra sí existen los valores, sí existen los ideales y merece la pena luchar por ellos y, en su mundo, su meta es la búsqueda de la felicidad tal como declara la Constitución de su país y a la que tantas veces se referiría en sus guiones preñados de personajes de nobles ideales.

Capra en este film reincide en sus creencias, su mundo ideal, donde el dinero es pura basura y al que desprecia profundamente por su capacidad de corrupción de las personas, a las que considera meridianamente buenas y malas, sin concesiones a la galería, sin relativizar los comportamientos que o son de la luz o de la oscuridad.

Permítanme advertirles la vigencia del mensaje de esta película, cuando vemos la democracia secuestrada por poderes fácticos a modo de supragobiernos de los estados, convertidos en simples marionetas, guiñapos de grandes corporaciones y medios de comunicación que acaparan poder y riqueza, en la que democracia se desdibuja por una suerte de alternancias de partidos cuyos designios son idénticos en su esencia y que sólo buscan perpetuarse en el poder.

Les animo a disfrutar de esta obra maestra de Frank Capra, un genio, un hombre cabal y honesto, un alquimista del cine que descubrió la fórmula para hacernos felices con sus historias; donde la esperanza, flanqueada por la bondad y la inocencia, marca el norte de la vida.

La diferencia entre la vida real y las películas es que un guión tiene que tener sentido. La vida no.

Joseph Leo Mankiewicz

"EVA AL DESNUDO" (1950)

(All about Eve)

Joseph Leo Mankiewicz

JOSEPH LEO MANKIEWICZ

Joseph Leo Mankiewicz nació en el invierno de 1909 en la localidad de Wilkes-Barre, estado norteamericano de Pennsylvania, en el seno de una familia judía emigrada a los Estados Unidos desde Berlín, aunque de ascendencia polaca, en 1885.

Precisamente su padre, Franz, representaba el sueño americano si tenemos en cuenta que llegó con diecisiete años y llegó a ser un famoso profesor del New York College, donde enseñó a multitud de generaciones lengua y teología hebrea, que simultaneó con la pertenencia a la élite cultural de Nueva York.

Joseph Leo era el más pequeño de la familia y su hermano Herman llegaría también a ser un gran guionista de Hollywood, y al que se recuerda por haber realizado el de "Ciudadano Kane", de Orson Wells. Junto a su hermana Ema, su padre se preocupó de que tuvieron una formación académica de primer nivel.

En el caso de Joseph Leo, inició la carrera de medicina y en concreto la especialidad de psiquiatría, que siempre le atrajo. Pero al no conseguir la nota necesaria en una de las asignaturas, tuvo que abandonarla para saltar a la Universidad de Columbia y comenzar a estudiar Historia del Arte, en la que consiguió graduarse.

Terminados los estudios y siguiendo los consejos de su padre, inicia un viaje a Europa que le llevará a Berlín para simultanear los estudios con su afición al teatro y el cine. Allí tuvo la oportunidad de admirar los trabajos de los grandes maestros tanto de la escena, como Reinhardt y Brecht, como del cine expresionista germano.

Su dominio del alemán le provee un empleo como corresponsal en Berlín del Chicago Tribune, además de ser contratado como traductor de títulos de las películas de la productora UFA. Este escarceo con el cine alemán, que tanta emoción le produjo, concluyó en cuanto su hermano Herman le pide regrese a Estados Unidos y marche junto a él a Hollywood, donde él ya figuraba como respetado guionista pese a su juventud.

Sin más preámbulos, Joseph llega al cine y se enrola en los Estudios Paramount, aunque de forma breve porque es contratado a los pocos meses por la Metro-Goldwyn-Mayer, en la que obtiene su primer éxito como guionista al escribir el de la película de Van Dyke "El enemigo público número uno" (1934), que consigue el Oscar, aunque los laureles oficiales se los lleva Arthur Caesar, que a la postre había firmado en solitario el guión.

Tras consagrarse como guionista excepcional, con títulos como "Cuando el diablo asoma" (1934) y "Vivo mi vida" (1935), protagonizadas por la gran actriz Joan Crawford, pide con vehemencia al dueño del estudio, Louis B. Mayer, que le permitiera dar el salto a la dirección pero éste, muy conservador, sólo le permitió realizar tareas de producción.

Frente al desánimo, Joseph Leo puso lo mejor de sí mismo como productor y logró que su nombre fuera conocido en toda la industria por trabajos de alto nivel como "Furia" (1936), junto al germano Fritz Lang, o "Historias de Filadelfia" (1940), del recordado George Cukor. Sin embargo, Mankiewicz no deseaba continuar en esta situación y harto de Louis B. Mayer y seguro de sí mismo y sus posibilidades para dirigir, abandona estos estudios para incorporarse a la 20th Century Fox.

Su primer trabajo y su primer éxito, "El castillo de Dragonwyck" (1944), en la que dirige a Gene Tierney, con su arrebatadora belleza y elegancia en un espléndido papel de dramatismo contenido en un marco de película de regusto gótico, teniendo a su lado a dos de los grandes de la industria, Vincent Price, que compartió con ella cartel en "Laura", y Jessica Tandy.

Como él mismo declaró repetidamente, fue Ernst Lubitsch quien realmente le descubrió para la dirección y el que le dio el espaldarazo para dirigir este film, que también produjo y que, también es de justicia decirlo, mantuvo discrepancias sobre la concepción visual de la película que contribuyeron, paradójicamente, a un resultado excepcional que como confesaría posteriormente hicieron de este film un "drama lleno de locura, amor y muerte".

Si espléndida es esta película, no menos lo es la siguiente que dirigió: "El fantasma y la Señora Muir" donde en esta ocasión daría la réplica a Gene Tierney el actor Rex Harrison; convirtiéndose en un gran éxito tanto de crítica como de taquilla.

Alcanza en 1949 el estrellato cuando recibe las estatuillas al mejor guión adaptado y el de mejor dirección por "Carta a tres esposas", donde deja ya patente su interés en los temas relacionados con la psicología de las mujeres, y en la que tanto Kirk Douglas como Linda Darnell hacen un extraordinario trabajo interpretativo a sus órdenes.

Entra en la década de los cincuenta con buen pié puesto que realiza la película que a continuación desmenuzaremos, para mí su gran obra maestra junto a "Cleopatra", y sin duda considerada por la crítica especializada como uno de los grandes clásicos del cine de todos los tiempos: "Eva al desnudo".

Por este gran trabajo de dirección escénica y sublime guión, donde con la mayor crudeza describe las ambiciones y personajes impíos del mundo de la escena, Mankiewicz recibió seis estatuillas de la Academia de Hollywood, entre lo que destaco los de mejor película, mejor dirección y mejor guión adaptado, que le hicieron ser considerado ya como uno de los grandes del cine.

Tanto éxito acaparó y su huella tan fuerte en el contexto de la época, que llegó a crearse el premio "Sarah Siddons", que él mismo había inventado para esta obra y que desde entonces se institucionalizó en su homenaje.

Hasta el final de esta década, Mankiewicz firmaría películas de los géneros más variopintos, por lo que es imposible catalogarle al dominarlos todos y con maestría en todos los sentidos. De esta forma dirige films de espías como "Operación Cicerón" (1951), clásicos como "Julio César" (1952), con un plantel de actores en la cumbre de sus respectivas carreras como Marlon Brando, James Mason, Deborak Kerr y Louis Carlhern, en un derroche interpretativo del más alto nivel.

Seguirían "La condesa descalza" (1954), sobre el mundo del cine con una Ava Gardner en el papel de su carrera junto a Humphrey Bogart, quien tuvo sus más y sus menos con Manciewicz, que le tildó repetidas veces de maleducado aunque el propio actor se jactaba de declarar que el papel en este film era de los tres mejores que había realizado en toda su carrera, "Ellos y ellas" (1955) que fue el único musical que rodó, y "De repente, el último verano" (1959), en una gloriosa adaptación de la obra de Tennessee Williams, en la que era todo un experto el genial director de Pennsylvania.

Por el contrario, la década de los sesenta le iba a deparar un auténtico calvario, "una pesadilla" en sus propias palabras. Tan duro fue para Mankiewicz el rodaje de "Cleopatra", tanto sufrimiento le supuso que terminó agotado física y mentalmente, y le costó un retiro de dos años para recuperarse y de la que dijo "llevarle a las puertas de la muerte".

En diversas entrevistas concedidas, siempre se refirió a esta película como ajena a su filmografía, abjurando de ella y su conclusión, ya que fue Darryl F. Zanuck, el productor, el que dio órdenes de hacer el montaje final, no respetando el criterio de Mankiewicz cuya idea original era hacer con lo filmado dos películas. El resultado es una obra faraónica, nunca mejor dicho, y de una espectacularidad inusitada y, para muchos, entre los que me incluyo, una obra maestra insuperable.

Fue un desastre para el estudio, ya que el resultado en taquilla no cubrió ni un veinte por ciento de las cantidades invertidas en tal colosal producción, encarecida desde el principio por el millón de dólares de la época que cobró Elizabeth Taylor, además de ser literalmente despedazada por la crítica de entonces que contribuyó aún más a su fracaso.

Hasta 1967 no volvería a dirigir Mankiewicz y lo hizo con un film que pasó desapercibido tanto para el público como para la crítica, que la recibió con cierta frialdad, "Mujeres en Venecia". En 1970 rueda su único film ambientado en el salvaje oeste, "El día de los tramposos", para poner punto y final a su carrera dos años después con "La huella", una espléndida adaptación al cine de un clásico teatral de Anthony Shaffer.

Culto y elegante, gran lector de clásicos y experto en adaptaciones literarias, con una gran capacidad para la dirección escénica y un virtuoso de los diálogos, a los que dota de una estructura que nos hace imbuirnos en la historia de manera cómplice. Un purista del cine, hasta en su tonalidad porque detestaba el cine en color hasta el punto de que se negó en redondo a filmar "Julio César" de esta forma. Cuando fue preguntado por los motivos, sentenció que no le parecía acertado que la sangre roja de César apareciera dominante en la puesta en escena de las relaciones entre Bruto, Marco Antonio y el propio César.

.

Antes de fallecer de un ataque al corazón en el invierno de 1993 en la localidad neoyorkina de Bedford, y desilusionado por tantos motivos cerca ya el final de sus días, declaraba con sorna cuando le preguntaban por Hollywood que ya no existía, y que se acabó cuando la Metro Goldwyn Mayer subastó todas sus pertenencias, atesoradas durante años y años de éxitos en la gran pantalla. Riéndose a carcajadas, aunque con añoranza contenida, contaba que hasta los zapatos rojos de Judy Garland , que usaba en "El mago de Oz", se vendieron.

EVA AL DESNUDO (1950)

Joseph Leo Mankiewicz

Con meridiana claridad en la breve semblanza de Mankiewicz que acaban de leer, ha quedado patente la animadversión que le producía tan sólo la mención de su film maldito, "Cleopatra", del que abjuraba con vehemencia.

Para todos los que admiramos la obra de Mankiewicz nos sorprende esta actitud aún comprendiéndola por el desequilibrio físico y mental que supuso en su carrera, puesto que consideramos como una auténtica obra maestra el film que protagonizaron Elizabeth Taylor y Richard Burton que, aún con la vicisitudes que tuvo y la decisiones de Darryl F. Zanuck al respecto de su montaje, conserva en su visionado la espectacularidad y ese toque de distinción del que le dotó el genial director.

Sin embargo, a la hora de escoger una obra para comentaros he elegido la que habla más de su persona, de su amor al teatro desde sus tiempos de juventud en Berlín, aprendiendo de memoria las obras de sus admirados Reinhardt y Brecht, a la vez que pone de manifiesto las dos grandes facetas dentro del cine que le alzan a la cúspide como son la dirección de actores y un guión insuperable, teniendo que sumar la aceptación del público, la crítica y la de la industria del cine al ser premiado con sendas estatuillas: "Eva al desnudo", un clásico imperecedero que permite cientos de visionados y siempre encontrar algún aspecto sobre el que reflexionar y deleitarse.

Todas las obras tienen un comienzo, más o menos casual o azaroso, pero ésta tuvo la particularidad de llegar a la mente de Mankiewicz como si de una aparición se tratase. La curioso fue que él llevaba un tiempo pensando en escribir y, por supuesto plasmar en el cine, una historia puramente de personajes femeninos, en la que una actriz de mediana edad lucha denodadamente por conseguir un Oscar.

Esta idea, según confesaba, era recurrente y le obsesionaba poder estructurarla definitivamente, pero no daba con una línea argumental con suficiente solidez para darle vida. En esas, y por un giro del destino, siempre el destino, llega a sus manos una relato original de la escritora norteamericana Mary Orr, que había publicado con gran éxito en la revista "Cosmopolitan" en 1946.

Orr ponía negro sobre blanco la experiencia vivida en la realidad por la actriz Elisabeth Bergner, cuyas vicisitudes confió a la escritora, mientras interpretaba en el teatro la obra "The two Mrs. Carrolls" entre los años 1943 y 1944, cuando Bergner conoció a una joven y entusiasta admiradora suya que contrató posteriormente como asistenta personal y, pasado el tiempo, y en un abuso de su confianza, usó toda su astucia y malas artes para destruir su carrera de actriz.

Como en todo relato donde la ficción debe dulcificarse o, como en esta oportunidad, retorcer aún más las situaciones reales, Orr se tomó la licencia para que la admiradora consiguiera finalmente sus planes y arrebatara arteramente el papel protagonista a Bergner.

El relato se titulaba "The wisdom of Eva" y, como declararía irónicamente Mankiewicz, aquello *"me sirvió de pretexto, como diría mi amigo y admirado Alfred Hitchcock, un McGuffin, hasta que se convirtió en un comentario satírico sobre el mundo del teatro y los habitantes que lo pueblan"*.

Por aquél entonces, su productor era Darryl F. Zanuck, con quien realizaría la mayor parte de sus éxitos y siempre estaría a su lado para apoyarle, con la excepción del desencuentro que tuvieron en Cleopatra. Nada más conocer la historia que le presentó Mankiewicz, y contando con el olfato de gran productor que era, le dio el visto bueno para iniciar la producción que llevaría él personalmente para lo que comenzaron la preparación del plantel artístico.

Para el papel de Margo Channing, así llamada en el guión, tanto director como productor coincidieron en dar el papel a Claudette Colbert, quien rápidamente firmó el contrato. Sin embargo, una dolorosa lesión en la espalda le obligó a retirarse de este proyecto que con tanta ilusión había recibido.

Zanuck y miembros del staff del estudio propusieron dar el papel a Susan Hayward, pero Mankiewicz se opuso radicalmente puesto que era una actriz muy joven. Al tercer intento la propuesta fue la gran actriz Marlene Dietrich, pero tampoco fue la elegida por contar con un excesivo porte alemán que no encajaba en el perfil buscado.

Para desesperación de Mankiewicz, que sabía la importancia de realizar una buena elección al tratarse de un papel de tan gran altura interpretativa, y una vez decidido que sería Bárbara Stanwyck, le comunicaron que no estaba disponible en esos momentos por compromisos ineludibles con otras producciones; comprensible por tratarse de una década de gran esplendor de los estudios y donde se rodaban miles de películas cada año.

Y entonces, cuando todo había salido desastrosamente mal, alguien de la productora propone a la actriz Gertrude Lawrence, y Mankiewicz, hombre serio y de pocas palabras, una vez que el manager de ésta sugiere que "Gertie se sentara al piano y cantara", toma el sombrero y sale jurando en arameo del estudio.

Después de la tempestad viene la calma y en un giro del destino, Zanuck tiene noticias de que Bette Davis está concluyendo el rodaje de "Más allá del bosque", por otra parte film que les recomiendo vivamente, y en un descanso de rodaje le lleva personalmente el guión escrito por Mankiewicz.

Sin aguardar mucho y, leído de una vez por la David, llama a Zanuck y le anuncia que jamás había tenido entre sus manos un guión tan bueno y que aceptaba sin condiciones el papel. Había comenzado, "Eva al desnudo" y una de las páginas más bellas de la historia del cine en una conjunción de producción, guión e intérpretes que difícilmente se repetirá.

"Cazada" la Davis, ahora quedaba otra elección que requeriría igual tino por tratarse de la actriz que debía dar la réplica en el papel de Eva y, para ello, pensaron en Jeanne Crain pero quedó embarazada y rechazó el papel. De nuevo en una rápida intervención de Zanuck, y siendo admirador de Anne Baxter, Oscar a la mejor actriz de reparto por "El filo de la navaja", le propone el papel y ésta no duda en aceptar.

Pero vayamos ahora al argumento tejido por Mankiewicz sobre este duelo femenino, quien siempre declaró que "las mujeres en pantalla son más interesantes que los hombres", el cual comienza con unos aplausos y Eva Harrington, que encarna Anne Baxter, recogiendo el premio por su talento como actriz de teatro, lo que da pie a que personajes que han convivido con su ascenso en la escena, a la que ha llegado a lo más alto sin experiencia en la interpretación, hagan memoria y vayan recordando cómo ocurrió.

Y el inicio lo marca para Eva su admiración, casi adoración, por la diva del teatro Margo Channing, que da vida llenando la pantalla la simpar Bette Davis, una actriz en el estrellato pero también en la cuarentena, a su pesar.

De esta forma y al concluir una de las funciones, en el propio teatro tiene un encuentro con un crítico de teatro, Addisson DeWitt, interpretado por George Sanders, así como con los productores de la obra en cartel. A esta reunión se incorporará, aunque ya tarde, la esposa del autor, Karen Lloyd, encarnada por Celeste Holm, que en la entrada de actores traba conversación con Eve Harrington, interpretada por Anne Baxter, quien le dice ser la admiradora número uno de Margo. Con tanta ilusión la ve que Karen la invita a conocerla personalmente, sin imaginar las consecuencias que este inocente hecho desencadenará.

En el encuentro que tiene con Margo, Eve hace un relato de su vida y la ilusión que le haría llegar a ser como su admirada actriz y alcanzar todo lo que ésta ha conseguido en su carrera. Conmovida, Margo le ofrece trabajar junto a ella como secretaria; lo que es acogido con satisfacción por todos salvo para Birdie, papel interpretada por la gran actriz Thelma Ritter, que desde ese momento sospechará de las ocultas intenciones de la joven admiradora.

Y no anda descaminada porque asistimos, más adelante, al momento en el que Bill Samson, interpretado por Gary Merrill, director de la obra y pareja de Margo, al que le hacen una fiesta de bienvenida tras un viaje a California, Margo monta en cólera recriminándole que en vez de buscarla enseguida se quedó charlando con su secretaria, Eve.

Pero si esto fue en privado, se recrudece en público cuando asistimos a la escena de celos que Margo le monta a Bill, que se produce en la misma fiesta, delante de los demás invitados y con el alcohol cabalgando al galope por sus venas.

Aún con el alcohol haciendo estragos en su cabeza y antes de concluir la fiesta, Margo convence a su productor para que contrate a Eve para su oficina, con tal de apartarla de su entorno, a la vez que promete ayudar en todo lo posible en una próxima audición a la amante del crítico DeWitt, llamada señorita Casswel, interpretada por una jovencísima Marilyn Monroe, que dicho sea de paso sin su ayuda jamás lograría superar.

Esta estratagema de Margo quedará en agua de borrajas cuando el día de la audición llega ya tarde para ayudar a la aspirante señorita

Casswell, y llega a sus oídos que Eve ha conseguido hacerse con el puesto de actriz suplente en su obra.

Este hecho va a desencadenar, aparte de su furia, que una Margo presa de los celos imagine una conspiración por parte de todos, y en especial de su pareja Bill, que provoca la separación de la pareja.

Enterada de la actitud cruda y altiva de Margo, Karen, esposa del autor de la obra y quien le presentó a Eve, decide darle un escarmiento y una clase de humildad urdiendo un plan que se inicia cuando la invita a un fin de semana en su casa de campo y manipulando las situaciones para que no pueda llegar a tiempo para actuar en la obra y permitir de esta forma que Eve actúe en su papel como suplente.

Para elevar la afrenta a Margo, al día siguiente el crítico DeWitt escribe en la columna de su periódico una encendida alabanza de la calidad interpretativa de Eve y, para hacer aún más daño a Margo, introduce alusiones groseras acerca de las actrices entradas en años que insisten interpretar papeles escritos para jovencitas.

Y si esto fuera poco, Eve se insinúa ante Bill, la expareja de Margo. Contra todo pronóstico de la historia, Bill rechaza a ésta y se presenta en casa de Margo para pedirle perdón por no haber atendido sus advertencias sobre las espurias intenciones de Eve, y que les hace reconciliarse.

El día que Bill y Margo invitan a almorzar a sus amigos Lloyd y Karen, ésta última recibe una nota para que acude al tocador del restaurante para reunirse con urgencia con Eve. Estupefacta y presa de su error, Karen es chantajeada por Eve que le amenaza con sacar a la luz pública todo el plan que urdió para apartar a Margo en su casa de campo y que no pudiera llegar a tiempo al teatro y, además, lo que tramó con periodistas para desprestigiarla.

Al volver a la mesa, una Karen demudada y sin saber qué hacer, escucha de labios de Margo su decisión de abandonar la escena al convertirse pronto en una mujer casada y dedicarse de pleno a su marido, Bill. De esta forma, le encarga a Lloyd buscar una actriz para que le reemplace por un tiempo.

Eve por fin ha logrado hacerse con el papel principal de la comedia de Lloyd y confiesa al crítico DeWitt las intenciones de Lloyd para divorciarse de su mujer Karen y casarse con ella; a lo que Addison le responde que conoce sus planes por la propia Karen.

Tras todas sus maquinaciones e insidias, por fin Eve acaricia el triunfo y elegida mejor actriz del año, un premio que tras recibirlo prefiere no asistir a la fiesta posterior y regresar a su hotel. Al llegar a su habitación encuentra a una joven, plácidamente dormida en un sillón. Al despertar le asegura a Eve que es su más ferviente admiradora y presidenta de su club de fans, participándole su mayor deseo de seguir sus pasos en el mundo del teatro.

Se cierra el círculo de la historia, y con una Eve nadando en el dulce almíbar de su éxito, asiste sin imaginarlo al acecho de alguien que es su alma gemela y que acabará por destruir su carrera.

Una historia abrumadoramente de mujeres, un intenso duelo interpretativo donde éstas y sus vivencias constituyen el núcleo de la trama cada una en su distinto rol. Comenzando por la propia Eve, capaz de pactar con el diablo con tal de alcanzar la deseada gloria efímera, Margo y su búsqueda de la plena felicidad, ésa que la vida le niega a Karen, la candidez de la señorita Casswel o la astucia de Birdie, emperatriz del tocador.

Pero a la vez que retrata como un caleidoscopio el alma femenina, Mankiewicz rastrea con un brillantísimo guión a modo de bisturí y unos diálogos sardónicos y elegantes por igual, lo execrable de la ambición personal desmedida, la falta de emotividad que lleva al abismo de la impiedad.

Bajo una pátina de mordacidad y sarcasmo, Mankiewicz nos asoma al centro del mundillo de la escena y los habitantes que pululan por sus tablas, sacando a flote la malsana y fría competición por lograr ventaja para llegar a la cúspide, ávidos de tocar el poder que confiere el estrellato.

Con una lupa sobre Eve, y en un alarde del genio de la puesta en escena y la dirección actoral asistimos a su maquiavélica transformación desde un ser de rasgos, ideas y poses rayanas en la ingenuidad, hasta convertirse en una sibilina aspid que serpentea sin descanso fagocitando la felicidad de cuantos le permiten compartir su existencia, destruyendo sus vidas sin el más mínimo atisbo de compasión en pos de sus planes, sin advertir que ella misma caerá presa de sus mismas trampas emocionales.

En un "flashback", cuya concepción y adaptación al servicio de la narración objetiva de la propia trama es una las especialidades dominadas por Mankiewicz, nos encadena a esta historia de honda razón satírica donde el dramatismo del relato de May Orr es elevado por las excepcionales interpretaciones que la convierten en un clásico imprescindible.

Les invito a ver con una mirada de profunda admiración "Eva al desnudo", por ser el sueño hecho realidad de un genio del séptimo arte, cuyo legado permanece inalterable entre los brillantes y chispeantes diálogos que dan vida a esta gran obra.

Mirada de cerca, la vida parece una tragedia; vista de lejos, parece una comedia.

Charles Chaplin

"LA QUIMERA DEL ORO" (1925)

(The gold rush)

Charles Chaplin

CHARLES CHAPLIN

"Charlot" nació como Charles Spencer Chaplin en la primavera de 1889 en el bajo Londres. Hijo de Charles Chaplin y Hannah Hill. En el caso de su padre, llegó a ser un reconocido actor, en especial del Music-Hall alrededor de la década de los ochenta, y su madre también fue una respetada cantante y bailarina de variedades, actuando en los diversos teatros de los barrios londinenses.

La feliz infancia de Charlie Chaplin y su hermanastro Sydney, que era fruto del primer matrimonio de su madre, se iban a ver truncadas por un hecho que minó la convivencia familiar: el alcoholismo que dominaba y transformaba la vida de su padre.

Eran continuas las disputas y, en especial, las ausencias del padre de su hogar, hasta que finalmente abandonó a la familia y marchó a vivir con otra mujer. Sus problemas de alcoholismo se incrementaron con el paso del tiempo y a los 33 años falleció de una galopante cirrosis. Corría el año 1901.

Hannah, su madre, tuvo que hacerse cargo con grandes dificultades de los dos pequeños que, pese a su corta edad, ya se vieron en la necesidad de dejar la escuela y ayudar con su trabajo en los propios teatros donde su madre actuaba, lo que le permitió a Charlie aprender el oficio y la técnica de la comedia y la mímica, siendo su debut en el escenario a los cinco años.

Como todas las situaciones son susceptibles de empeorar, Hannah perdió la voz por una afección de laringe y posteriormente se sumió en una profunda depresión y sus hijos tuvieron que ser acogidos durante semanas en un Asilo de la localidad de Lambeth y posteriormente durante casi dos años en una Escuela para huérfanos y niños pobres.

Con el paso de los años, la gravedad de la enfermedad psiquiátrica de su madre se agudizó y Charlie y Sydney, no tuvieron otra opción que hospitalizarla en un psiquiátrico, donde permaneció prácticamente el resto de sus días.

Pero sigamos el discurrir hacia el camino de la fama de Charlie. Años antes de su reentrada en el mundo del espectáculo, no tuvo más opciones que ganarse el sustento haciendo de mandadero, vendedor callejero o soplador de vidrio en una fábrica londinense; sin dejar de aparecer en diversos escenarios en los más variopintos papeles cómicos.

Pero su decisión por volver a la farándula se ve recompensada en 1907, cuando los dos hermanos Chaplin entran a formar parte de la prestigiosa Compañía Cómica Londinense, dirigida por Fred Karno, que les llevará de gira por toda Gran Bretaña, Francia y definitivamente a los Estados Unidos de Norteamérica, y en la que se forma como comediante de primer orden y aprenderá toda la técnica que necesitará para componer el personaje de Charlot. Como anécdota, de gira con esta compañía, es su compañero de pensión Arthur Stanley Jefferson, al que conocemos por Stan Laurel, quien junto a Oliver Hardy compondrían una de las parejas de cómicos más famosas de todos los tiempos.

A Chaplin le descubre en una de sus actuaciones en Nueva York, haciendo un espléndido papel en la obra como borracho, Mack Sennett. Sin perder tiempo, le aborda en el propio teatro y le contrata para formar parte del elenco de artistas de los afamados estudios cinematográficos Keystone.

Pero no iba a ser un camino de rosas para Chaplin y, al concluir el rodaje de su primera película, "Ganándose el pan", Sennett decide rescindirle el contrato por la decepción que le produjo su forma de actuar. Sin embargo, en el último instante le permite una segunda oportunidad que Chaplin aprovechó con creces y, con el paso del tiempo, se convirtió en la estrella de este estudio.

Justamente en Keystone nace Charlot, apelativo creado por un periodista francés, a modo de vagabundo de modales refinados y cuya dignidad no dista de la de un auténtico caballero. Aunque comenzó Chaplin a caracterizarse como tal en la comedia "Carreras sofocantes" (1914) de manera oficial, él mismo relató con sus propias palabras que en realidad fue en la titulada "Extraños dilemas de Mabel" (1914) que se había rodado días antes y estrenada más tarde que la anterior, que según cuenta textualmente de esta forma realmente emocionante:

"No tenía idea sobre qué maquillaje ponerme. No me gustaba mi personaje como reportero. Sin embargo en el camino al guardarropa pensé en usar pantalones bombachos, grandes zapatos, un bastón y un sombrero hongo. Quería que todo fuera contradictorio: los pantalones holgados, el chaleco estrecho, el sombrero pequeño y los zapatos anchos.

Estaba indeciso entre parecer joven o mayor, pero recordando que Sennett quería que pareciera una persona de mucha más edad, agregué un pequeño bigote que, pensé, agregaría más edad sin ocultar mi expresión. No tenía ninguna idea del personaje pero tan pronto estuve preparado, el maquillaje y las ropas me hicieron sentir el personaje, comencé a conocerlo y cuando llegué al escenario ya había nacido por completo."

Chaplin fue perfeccionando un personaje que caló fuertemente entre el público, al que dotó de un estilo muy personal combinando "slapsticks", mímica y comedia física, donde las situaciones son llevadas al límite con un gracejo que hacía las delicias del público que le hicieron alcanzar fama mundial.

Todo ello le sirvió para rodar más de 35 cortometrajes y diversos largometrajes, ya abandonada la compañía Keystone y contratado por la Essanay Company, donde conoció a su primera pareja, Edna Purviance; actriz que le daría réplica en varias de sus obras.

Al éxito del personaje en sí, hay que sumarle la identificación del público con los temas que, aunque en forma de comedia, abordaba Chaplin en sus obras. No faltaban alusiones directas a la situación de la sociedad, muy convulsa en su época, sobre los graves problemas, las desigualdades y las injusticias permitidas por los gobiernos y, en particular las penurias de los inmigrantes, abandonados a la miseria, y las vicisitudes de los trabajadores humildes.

Chaplin, purista en cuanto a la concepción cinematográfica, no permitió con la llegada del sonoro actualizar su personaje y se negó con toda su fuerza a ponerle voz. Prueba de ello es que el largometraje "Luces de la ciudad", rodada ya en 1931, no contiene diálogo alguno, para después abandonar definitivamente el famoso personaje en "Tiempos modernos" (1936), en cuyo final vemos cómo el célebre vagabundo camina hacia el horizonte, sin rumbo, de la mano de Paulette Goddard.

En esta obra maestra, considerada entre las más importantes del cine de todos los tiempos, Chaplin realiza una mordaz sátira de la era industrial, dominada por el hombre convertido en un robot para la producción en serie y en la que critica con ferocidad, aunque en tono de comedia, la diferencia de clases.

Junto a estas dos películas, las más destacadas fueron "La quimera del oro" (1925), que a continuación analizaremos, y "El gran dictador" (1940). Aparte de dirigirlas, Chaplin las producía y componía la banda sonora en una suerte de prodigio del cine en el que se convetiría y al que sumaría su participación junto a Douglas Fairbanks, David Wark Griffith y Mary Pickford en la creación de la productora United Artists.

Conviene resaltar el primer film con diálogos de Chaplin, "El gran dictador" (1940), que de forma visionaria este genio del cine tuvo el coraje, incluso venciendo presiones políticas para que no lo llevara a cabo, de rodar en un claro acto de desafío ante el totalitarismo que suponía el nacionalsocialismo imperante en la Alemania de entonces.

Chaplin rodó y estrenó esta película un año antes de que Estados Unidos entrara en la Segunda Guerra Mundial, y se reservó encarnar el personaje de Adenoid Hynkel, dictador de Tomainia, que estaba inspirado en el dictador Adolf Hitler, que curiosamente en la vida real contaba con cuatro días más joven que el propio Chaplin y compartían un bigote similar. También en el film aparecía un personaje que caricaturizaba al dictador italiano Benito Mussolini.

Es clave en la tesis de este film, realizado a contracorriente valientemente por Chaplin, el personaje que reserva para un barbero de origen judío que sufre persecución y que, al final de la película, pronuncia un emocionante discurso en el que denuncia la dictadura, la codicia, el odio y la intolerancia, en un encendida loa a la libertad y, sobre todo, la hermandad de los hombres.

Me permito reproducir, por su rabiosa actualidad, parte del texto del memorable discurso, porque de esta forma conoceremos las propias ideas de Chaplin y su concepción de la vida de los seres humanos en un alegato de una profunda sinceridad:

"Lo lamento, pero yo no quiero ser un emperador, ése no es mi negocio, no quiero gobernar o conquistar a alguien. Me gustaría ayudar a todos si fuera posible: a los judíos y a los gentiles, a los negros y a los blancos. Todos deberíamos querer ayudarnos, así son los seres humanos. Queremos vivir con la felicidad del otro, no con su angustia. No queremos odiarnos y despreciarnos. En este mundo hay sitio para todos, y la tierra es rica y puede proveer a todos. El camino de la vida podría ser libre y hermoso..."

Lo que hoy nos parece un ansia de libertad y justicia social, en el contexto de la época hizo que J. Edgard Hoover le investigara y aportara archivos secretos del FBI sobre sus actuaciones y amistades, por lo que fue acusado por el Comité de Actividades Antiamericanas, basándose en las ideas expresadas en particular en las películas "Tiempos modernos" y, en especial, "El gran dictador", por lo que desde entonces las autoridades estadounidenses buscaban la oportunidad para encarcelarlo.

Acusado por un senador norteamericano de traición, en 1952 el propio Fiscal General estadounidense ordenó retener a Chaplin y a su familia mientras viajaban en el Queen Elizabeth a Europa para promocionar el estreno de "Candilejas", acusándole de pertenecer al Partido Comunista.

Aprovechando esta circunstancia, J. Edgard Hoover tramó con el Servicio de Inmigración retirarle el pasaporte a Chaplin y no permitirle la entrada en el país; comenzando de esta forma un triste e inmerecido exilio, para lo cual fijó su residencia en Vevey, Suiza, donde residió desde 1953.

En 1972 regresó a los Estados Unidos para recibir un Óscar "honorífico" cuando contaba con 83 años. Entrecomillo "honorífico", porque es lo más injusto que pueda ofrecérsele a alguien que significa la esencia del cine y del que George Bernard Shaw dijo: "Fue el único genio de la industria del cine".

Falleció el gran Chaplin en su residencia suiza en 1977, dejando un legado inmenso de arte, humanidad e integridad que hace empequeñecer a todos cuantos medraron contra él en el país que tanto le debía, presos de la envidia de la conmoción que causaba entre esas personas humildes, a las que siempre quiso dar su sitio y denunciar la desigualdad a la que estaban –y están, salvando las distancias-, sometidas, y que constituye el auténtico germen de la violencia en la sociedad.

LA QUIMERA DEL ORO (1925)

Charles Chaplin

No ha habido color en mi elección de la película de Charles Chaplin. Escrita, producida, dirigida e interpretada por él junto a los grandes actores Mack Swain, Tom Murray y Georgia Hale, sin duda es la cúspide y la esencia de su cine, de su forma de hacerlo, capaz de transmitir la emoción más turbadora junto a las escenas más hilarantes, en una historia trágica abordada con una comicidad llena de vigor y evocación.

Él mismo reconoció que fue la película por la que le gustaría que le recordásemos por siempre; como hombre de cine sabía que era en todos los sentidos la más completa y la que marca en su carrera la auténtica madurez de su obra; con todos los elementos que le harán pieza imprescindible en la historia del séptimo arte.

En "La quimera del oro" asistiremos a las venturas y desventuras del personaje encarnado por Chaplin, el vagabundo Charlot, enredado en la fiebre del oro que recorrió las tierras de Alaska en la realidad, donde tendrá que hacer frente a la ambición desmedida, la crueldad de individuos con instintos asesinos, la miseria que tan bien conocía desde sus orígenes en Inglaterra; todo ello narrado visualmente por el sentido del humor propio de sus films y que contiene el mayor número de secuencias y gags cómicos inolvidables.

El argumento sobre el que se basa la historia, nacido de la imaginación de Chaplin inspirándose en los relatos que, tras vivir en aquellas lejanas y peligrosas tierras y pasar por muchas vicisitudes, narró vívidamente en sus obras Jack London, comienza cuando Charlot llega tierras de Alaska y, en concreto a Klondike y, como todos los que allí fueron, aquejado de la fiebre producida por la búsqueda de oro.

Para documentarse concienzudamente consultó de forma exhaustiva el material gráfico de buscadores de oro de la época en Klondike entre 1896 y 1898, así como en el libro sobre el desastre del grupo Donner, que ocurrió allá por 1846.

En su afán de dotar a la historia de la mayor verosimilitud y sin reparar en gastos, Chaplin insistió en rodarla en escenarios naturales elegidos por él mismo en California, en concreto en el Valle de San Fernando, Rancho Inverson, Sierra Nevada y distintas localizaciones en las montañas de Colorado, cuyo acierto podemos admirar en cada una de las memorables secuencias de exteriores que ocupan una gran parte del film.

Los aciertos suman uno a uno y no es menos la fotografía encargada por Chaplin a los operadores Roland Totheroh y Jack Wilson, que siguen al pie de la letra las indicaciones del maestro para lograr unos planos soberbios de exteriores y una lograda sensación de dinamismo que implicaba una historia propia de aventuras, amén del logro de crear unos efectos especiales verdaderamente originales, como cuando vemos la alucinación de uno de los protagonistas creyendo ver una gallina en el personaje del vagabundo Charlot.

Conozcamos ya esta singular historia del vagabundo Charlot, ahora convertido en un recio aventurero recorriendo caminos y montañas nevadas en busca de una mina de oro, que sigue siendo en el fondo una persona buena, con modales caballerescos y poses en las que la dignidad permanece intacta frente a los malos modales de muchos a los que se enfrenta, en ocasiones a mamporro limpio y, por supuesto, tan enamoradizo como siempre y más cuando conoce a Georgia, de la que ya hablaremos más adelante.

Y esas ansias aventureras, en el comienzo de la historia llevan a Charlot a ser una marioneta en manos de los elementos que, en esta ocasión, son representados por una terrible tormenta polar que pondrá a prueba sus fuerzas. Extenuado por el cansancio y la lucha contra la tempestad, tiene la fortuna de encontrar una aislada cabaña en plena soledad de las montañas.

Pero la desdicha asoma en su camino puesto que la vivienda está habitada por un convicto asesino fugado, llamado Black Larsen, que no dudará en rebanarle el pescuezo a la primera oportunidad. Dispuesto éste a echar de malas maneras a Charlot, en una escena antológica haciendo inútil sus esfuerzos contra el viento, se tuercen sus planes al interponerse además de la propia tempestad otro inesperado refugiado: el gigante Mac Kay.

Ahora Larsen tiene que echar a los dos y protagonizan una pelea en la que el rifle del fugitivo resulta inutilizado y, no sin dificultades, los dos recién llegados huéspedes logran quedarse en la cabaña, pero sin provisiones y aflorando un hambre atroz que les hará salir a la búsqueda de alimento.

Sin embargo y con la tempestad azotando las montañas también acuerdan que sólo uno de ellos se aventurará a salir por comida.

Tras jugárselo a las cartas, es Black Larsen el fugitivo quien tendrá que abandonar la cabaña.

Comienza el periplo del rudo exconvicto y no tarda en toparse con los policías que siguen sus huellas desde la prisión. Pero Black Larsen es implacable y acaba asesinándoles y, de paso, robándoles el trineo que supone para él la salvación y la condenación para Charlot y Mac Kay en la cabaña abandonados a su suerte.

De esta forma, los dos refugiados en la cabaña ven cómo pasan las horas y Black Larsen no regresa, presos de un hambre atroz que hará a Charlot cocinar materialmente y engullir uno de sus zapatos, cordones incluidos, y Mac Kay tratando de comérselo mientras en visiones ve a su compañero como una apetitosa gallina y que dará lugar a las escenas más memorables de este singular film, cuyo feliz corolario será la irrupción de un enorme oso en la cabaña que, lejos de representar un peligro para los dos hambrientos, se convierte en la providencial cena al ser cazado en un giro inesperado de la fortuna.

Con la tripa llena y amainada la tempestad, deciden seguir su camino por separado. Mac Kay toma decidido el camino que se dirige a una mina de oro que había encontrado. Allí, para su pesar, se encuentra con que Black Larsen había localizado su concesión y para arrebatársela lo golpea hasta que Mac pierde el sentido y, creyéndole muerto, le abandona.

Sin embargo, Mac no ha sucumbido, aunque pierde momentáneamente la memoria. Por su parte, Black Larsen prosigue su camino hacia su peor destino ya que un gran trozo de hielo por donde transitaba se desprende y hace que caiga por un precipicio encontrando su final.

Mientras se producen estos trágicos sucesos, Charlot se encamina al pueblo y, absorto con el ambiente y las luces, se decide a entrar en el cabaret local en el que tendrá el encuentro con Georgia, una de las chicas que decide bailar con él, aunque Charlot desconoce que es para dar celos a Jack Cameron, a la sazón el conquistador de más éxito con las chicas en toda Alaska.

No obstante, tiene efecto el señuelo lanzado por Georgia porque los dos pretendientes se ven envueltos en una pelea en la que, contra todo pronóstico, sale victorioso Charlot sin conocer que ha sido la caída de un reloj en la cabeza de Cameron la causa de su victoria. Y con este triunfo abandonará el bar con la cabeza bien alta.

En la siguiente secuencia vemos a Charlot caminando sin rumbo por la ciudad, helado y de nuevo hambriento, cuando se asoma a una cabaña donde alguien prepara un suculento desayuno. Con su habitual picardía nacida de la necesidad más acuciante, Charlot llama a la puerta y finge estar muerto con lo que consigue que el ingeniero Hank, dueño de la cabaña, se apiade de él, le acoja, le dé comida y alojamiento mientras él se dedica a la búsqueda de oro.

Por fin Charlie come caliente y duerme sobre una cama soñando con Georgia. De improviso un día, su idealizada dama juega en la nieve con sus amigas y, en el cruce de bolas, resulta damnificado Charlie en un accidente para él providencial puesto que Georgia entra en su casa y le promete que volverá junto a sus amigas para cenar con él en Año Nuevo.

Alborozado por la noticia y para preparar una cena donde no falte de nada, se pone a trabajar en el pueblo quitando nieve hasta conseguir el dinero suficiente. Quiere impresionar a Georgia y, además de cocinar con esmero, compra regalos tanto para ella como para sus amigas.

La tarde de la víspera de Año Nuevo, un Charlie impaciente aguarda ultimando detalles en la cabaña, a la que ha adornado y servido una mesa donde no falta de nada en honor de su amada, quien olvida la cita que tenía con éste y se divierte en el cabaret. Pasan las horas y Charlie cae rendido por la espera y el cansancio en un sueño en el que imagina que está con Georgia y sus amigas, a las que hace el inolvidable baile de los panecillos, que figura entre los hitos del cine de todos los tiempos.

Es un momento de felicidad plena para Charlie, aunque pronto se despierta y se da cuenta que sólo ha sido un sueño. A lo lejos oye el tumulto de la celebración del Año Nuevo y alicaído marcha hacia el cabaret para ver a Georgia.

Simultáneamente y con remordimiento de conciencia, es Georgia la que a la vez recuerda la cita que le había prometido y con sus amigas se dirige a la cabaña que la encuentra vacía y al entrar comprueba con profunda tristeza el mal que ha hecho a Charlie; decidiendo renegar de Jack a quien hasta ese momento pretendía conquistar.

Al día siguiente Mac Kay, aturdido aún por el golpe en la cabeza propinado por el desaparecido Black Larsen en el que perdió la memoria, llega al pueblo para registrar su mina de oro, aunque se desespera al preguntarle los registradores su emplazamiento.

Sin embargo, sabe que si encuentra la cabaña donde se refugió logrará dar con el camino exacto y así recuperar su mina. Providencialmente coincide en el cabaret con Charlie, quien acudía esa mañana para hablar con su amada Georgia, y lanzando gritos lo abraza y agarrándolo fuertemente le dice que le lleve hasta la cabaña donde compartieron peripecias. Antes de partir, Charlot ve cómo Georgia le muestra su interés y marcha con Mac enloquecido de amor por ella.

Tras un duro camino, consiguen llegar a la cabaña para al día siguiente acometer la búsqueda de la mina de Mac. Pero el destino les juega otra mala pasada porque esa noche, y de nuevo una terrible tempestad, hace que la cabaña con los dos ocupantes sea desplazada hasta el borde de un acantilado.

En una escena de nuevo memorable, al despertar Charlie y Mac se dan cuenta que la casa está a punto de caer. Pero en el último instante, Mac lograr saltar fuera y lanza un cordel a Charlie que, por décimas, consigue escapar cuando la casa definitivamente cae al vacío.

Compensando todas estas desgracias, al recuperar el aliento Mac abraza a Charlie, demudado por las fuertes emociones, y gritando le indica que justo están sobre su mina de oro y que por fin son multimillonarios.

Llegamos a la secuencia final que se desarrolla en el barco que les devuelve a la civilización, ya convertidos en ricos. Pero Charlie lo tiene todo menos a Georgia, a la que siga amando. Pero él desconoce que ésta viaja en el mismo barco de regreso a su casa.

La casualidad les unirá cuando un periodista le pide a Charlie, ataviado ahora con costosas ropas y abrigos, que para el reportaje se vista con el atuendo de sus aventuras en Alaska. Charlie accede y acude a la cubierta para dejarse fotografiar cuando, en un alarde de comicidad, pierde el equilibrio y cae por una de las escaleras del barco dentro de un rollo de maromas.

Al salir de éstas, se encuentra de frente con Georgia que al verle así piensa que es un polizón que la oficialidad del barco llevaba buscando días. En efecto, Charlie es detenido pero él comprueba con semblante de felicidad que Georgia desesperada se ofrece para pagarle el pasaje y así lo liberen.

Para deshacer el equívoco, llegan los periodistas y advierten a los oficiales que están en un error y que es Charlie, el multimillonario de Alaska. Georgia queda estupefacta ante la noticia y, por su parte, al ser preguntado por la identidad de su bella acompañante y salvadora, les dice que es su prometida.

Con sus felicitaciones, los periodistas le piden hacer una foto y Charlie accede aunque en realidad al final hay que repetirla, ya que la pareja acaban besándose y nuestro héroe gesticulando con la mano para que les dejen en paz.

Con este final almibarado, danzando entre situaciones a veces absurdas y otras grotescas, Chaplin cierra una obra maestra en la que con su genuino sentido del humor reflexiona con sutileza sobre la miseria, el hambre, la ambición desmedida del ser humano que le lleva a que afloren los instintos más bajos.

Paralelamente, exalta valores como la amistad, el compañerismo, la humildad, la bondad, el amor y vitupera con crueldad el ansia centrada en acaparar sólo lo material, pero alabando la perseverancia noble en el sueño de superar las dificultades y encontrar el éxito respetando al prójimo.

Claves son las escenas donde la miseria, la soledad y el hambre hacen su aparición, a las que hábilmente descarga con fino humor el peso dramático de lo que suponen, hasta tal punto que vemos cierta emotividad en su discurso, que torna en evocación de cuanto vivió en la realidad Chaplin en su desgraciada infancia y adolescencia en Inglaterra.

Si Chaplin era único para transmitir emociones profundamente líricas y que hacían sobrecoger el corazón del público, en este film perfecciona esa técnica dotando al personaje del vagabundo en tierras de Alaska de unos valores en los que la bondad rige sus avatares, trufados de situaciones afrontadas desde un optimismo militante y una fe a prueba de bombas, ya que confía en la buena intención de cuantos le rodean.

Comprobamos igualmente su arte inigualable para convertir la adversidad en momentos de gozo para el espectador, entre lo irónico y satírico, como cuando vemos en sueños la antológica danza de los panecillos o la desternillante cena del Día de Acción de Gracias en la cabaña cuando junto a Mac Kay engullen la bota, que figura en los anales del cine, transformándolo en una suerte de banquete pantagruélico de un insuperable gourmet de finos gestos donde chupa con fruición los clavos de aquélla como si se tratasen de espinas y los cordones como exquisitos spaguettis, o cuando el gigante y noble amigo ya presa del hambre le ve como una gallina y corre a cazarlo para comérselo, o la misma escena del oso que irrumpe en la cabaña y resulta cazado según los dictados de la fortuna, porque termina siendo la cena de los dos hambrientos amigos y por tanto su salvación.

Igualmente hilarante y preñada de imaginación, y por supuesto no menos llena de dramatismo porque es reflejo de la mayor pobreza, cuando vemos al vagabundo en el cabaret lleno de harapos y con un pié envuelto en un saco al haberse comido la bota, es la escena en la que Georgia le invita a bailar con ella cuando los pantalones se le van cayendo al ritmo de la música y Charlie, en un receso, se los amarra con la cuerda de un perro al que no ve atado a ésta y que, por este motivo, el can ya unido a la pareja se verá danzando a los sones de la música y el vagabundo no dándose por aludido; en una de esas poses de Chaplin con una gestualidad donde advertimos ese toque de distinción y refinamiento que sugiere este personaje mítico.

Con este film, en el que se advierte esa sincronía propia de Chaplin entre la expresión de los rostros de los personajes y los movimientos de éstos en cada secuencia, se consolida plenamente su cine donde insiste en su personaje humilde siempre al lado de los más débiles y excluidos de la sociedad, luchando a brazo partido tanto contra la naturaleza y sus vaivenes como contra el propio ser humano, con un fuerte sentido de la supervivencia en un mundo adverso aunque afrontado todo con humor desbordante.

Porque es esta la fórmula mágica de Chaplin y que pone de manifiesto en este genial film, un toque de ternura, humor sin prejuicios, la amistad como catalizador del bien y, sin faltar, un tirón de orejas a la injusta estructura de la sociedad culpable de la desigualdad y por tanto de la infelicidad de las personas.

Esta fábula entrañable, contada con una excelsa fluidez narrativa de gran sobriedad y concreción que no permite descanso alguno al espectador, cuenta con ese toque tan especial de Chaplin de romanticismo, encarnado en Georgia, amor platónico del vagabundo que le da fuerzas para seguir adelante y que le deslumbra incluso con sus contradicciones y devaneos durante el metraje, pero cuya belleza y sensibilidad le encandilan sobremanera.

Les invito a degustar el mejor cine de Chaplin y durante los setenta minutos de esta obra maestra, en la que aprenderán que la felicidad sólo la encontraremos si perseveramos en el camino del amor y la amistad y no en la búsqueda del dinero que nos envilece, dejando volar libre la imaginación para compartir peripecias junto a ese vagabundo simpático y bonachón, un hombrecillo cuyos valores intrínsecos le hacen un gigante, y así honrar la memoria de uno de los artífices del cine, injustamente tratado con vileza y definitivamente alzado al lugar que le pertenece en la historia.

El cine es un vicio. Lo amo íntimamente.

Fritz Lang

"M, EL VAMPIRO DE DUSSELDORF" (1931)

(M)

Fritz Lang

FRITZ LANG

Fiedrich Christian Anton Lang, al que todos conocemos como Fritz Lang, nació en la capital austríaca en 1890. Su padre, Anton Lang, era el arquitecto director de las obras públicas de Viena siendo su madre Paula Schlesinger de ascendencia hebrea, aunque convertida al catolicismo y en el que educó a su hijo.

Fritz a los dieciocho años, y continuando la tradición familiar cumpliendo los deseos de su progenitor, inició estudios en la Escuela Técnica de Arquitectura vienesa pero que los abandonó al poco tiempo, dado que su vocación era otra.

De esta forma y con gran disgusto paterno, se matriculó en la Escuela de Artes Gráficas de su ciudad de residencia para, más tarde, hacer lo propio en la Nüremberg y finalmente en la Escuela de Bellas Artes de Munich.

Sin embargo, toda esta suerte de idas y venidas, matriculaciones y estudios en unas y otras escuelas no acabaron de satisfacer el espíritu inquieto de Fritz que en 1910 decide abandonarlos y comenzar una etapa vital marcada por los continuos viajes y, sobre todo, la vida bohemia que era lo que realmente le atraía y, cómo no, definitivamente en pos de ésta se instaló en París, donde junto al Sena ejerció de diseñador de moda, dibujante de cómics y acuarelas entre otros oficios que le permitieron sobrevivir y, por supuesto, aprender.

Cuatro años de disfrute parisino, con días de vino y rosas, tuvieron su fin al estallar la Primera Guerra Mundial en 1914. Fritz no lo duda y regresa a Viena para alistarse como voluntario en el ejército austrohúngaro; siendo herido al poco de entrar en combate.

Este hecho es el desencadenante de su destino, que quedará marcado para el séptimo arte, cuando aún convaleciente en el Hospital Militar de las graves heridas recibidas en el frente, tiene la feliz coincidencia de trabar gran amistad con Joe May, a la sazón renombrado director cinematográfico de la época, a quien Fritz orgulloso le muestra tanto sus dibujos y diseños como, en particular, los relatos que durante su recuperación había escrito.

May, a la vista sobre todo de sus relatos, ve el potencial que atesora el joven vienés y le ofrece un contrato para escribir diversos guiones para sus films; con el lógico alborozo de Lang que con estas buenas nuevas acelera su recuperación, vislumbrando ya hacer realidad sus sueños dentro del mundo del cine donde poder desarrollar sus ideas de vanguardia artística forjadas en su etapa parisina, al entrar en contacto con corrientes de este orden, desconocidas hasta entonces en su tierra natal.

Ya finalizada la sinrazón de la primera gran guerra, que acabó con la vida, el futuro y las ilusiones de millones de personas en toda Europa en un delirio de muerte y degradación humana, Lang recibe su primer encargo en la UFA alemana para escribir el guión del film "Die hochzelt im Exzentric Klub", que dirigiría su mentor Joe May en el año 1917, del que en la actualidad no existe copia alguna.

Lang, al ver el film y plasmado por primera vez su guión, quedó profundamente decepcionado con el resultado y, desde ese momento, decide lanzarse a dirigir sus propios guiones y los de su joven esposa, Thea von Harbou, cuya colaboración será tan decisiva en su carrera como después veremos.

Fruto de esa decisión es el primer film, "Die Spinnen" (1919), que dirige con gran acierto, concitando elogios tanto del público como de la crítica especializada que le aventura un futuro prometedor en el oficio, y a la que seguirán títulos como "Hallblut" y "Las arañas", ambas de ese mismo año, y en las que predomina esa forma personal de dar vida a las historias con su sentido plástico de la puesta en escena a la que añade un tono de dramatismo expresionista al fotografiar los rostros de los personajes.

Precisamente adherido a la corriente del expresionismo alemán, que marcará una época y de la que emergerá el cine moderno, y a pesar de su juventud ya con una madurez contrastada, en 1922 inicia el rodaje de obras maestras encadenadas que le harán ser considerado ya como uno de los grandes del cine. Así, firmará ese año las primera parte de una título capital, cumbre de esta corriente artística, "Dr. Mabuse der Spieler", que tendrá su continuidad y maestría indemne seis años después en su segunda parte, "Spione" (1928).

En 1924, junto a su esposa Thea von Harbou, escribe y dirige igualmente las dos partes de Los Nibelungos, "Sigfrido" y "La venganza de Crimilda", para tres años después llevar a la gran pantalla un nuevo trabajo junto a aquélla que resultará una obra maestra imperecedera convertida desde su rodaje en un clásico de todos los tiempos, "Metrópolis" (1927), donde puede apreciarse como en otras de sus producciones posteriores la huella de sus estudios de Arquitectura que pone en práctica, para cerrar su etapa alemana con dos impactantes films como "La mujer en la luna" (1931) y la primera película sonora europea "M, el vampiro de Dusseldorf"; obra maestra que a continuación analizaremos en profundidad.

En 1932, Lang había concluido el rodaje de "El testamento del Dr. Mabuse", cuando en el propio estudio recibe la llamada de Joseph Goebbels, quien le propondría dirigir los estudios de la U.F.A. así como de colaborar con el régimen nacionalsocialista en su difusión cinematográfica.

En un episodio que él mismo narraría pasados los años y que más adelante os referiré con detalles, Lang declina el ofrecimiento al no simpatizar con el nazismo floreciente en aquellos días en Alemania y, se exilia a Francia volviendo al París de su juventud, pero esta vez convertido en una celebridad y donde coincidirá con amigos como el actor Peter Lorre, extraordinario intérprete de diversas obras suyas, los pronto ilustres Billy Wilder y los hermanos Robert y Curt Siodmak, que pasados los años y junto a él figurarían entre los grandes del cine.

Acomodado a la vida parisina, pero sin obtener trabajo donde dar continuidad a su carrera, por fin en 1934 recibe el encargo de adaptar y llevar a la gran pantalla una famosa obra teatral del momento: "Lillom", original de Ferenc Molnar. Aún poniendo todo su empeño, Lang defrauda en el estreno y la película pasa sin pena ni gloria por las pantallas galas.

Sin embargo, Lang tenía sus ojos puestos en Hollywood y, al poco de este fracaso, consigue ser contratado por la Metro Goldwyn Mayer ese mismo año. Corría 1934 y Lang pisó tierras norteamericanas por fin y un futuro prometedor le aguardaba siguiendo los pasos de sus admirados Fiedrich Wilhelm "Murnau" y Ernst Lubitsch.

Pero todo no iba a ser un camino de rosas y, Lang desilusionado, vio como proyecto tras proyecto le iban rechazando cuanto proponía. En 1936, tras dos años en dique seco, por fin le permiten dirigir su primer film de la etapa americana, "Furia", en el que va a contar con un guionista de excepción: Joseph Leo Mankiewicz, norteamericano pero también de cultura y ascendencia teutona.

Lang se quejaría amargamente de sus producciones en los Estados Unidos ya que tenían que filmarlas conforme a los dictados comerciales de los estudios y sus productores, a los que directamente detestaba, al limitar sus ideas con respecto a la forma de abordar las películas, en las que quería siempre dejar siempre la huella artística.

Aún con este hándicap, firmaría obras de renombre y obras de tanta altura como las que obtuvieron el calificativo de maestras en su etapa en Alemania. De esta forma, basta enumerar sus éxitos que le hicieron ser considerado un director mítico de la era dorada de hollywood y uno de los grandes del cine de todos los tiempos, y que fueron "Sólo se vive una vez " (1937), "La mujer del cuadro" (1944), "Perversidad" (1945), "Secreto tras la puerta" (1947), "Los sobornados" (1953), "Deseos humanos" (1954), "Mientras Nueva York duerme" (1956), "Más allá de la duda" (1956), "Los contrabandistas de Moonfleet" (1955) y "Encubridora" (1952).

Azuzado por el ambiente en Estados Unidos con las investigaciones del Comité de Actividades Antinorteamericanas, a lo que sumaremos por una parte la presión que ejercían sobre él los productores para que incidiera a la hora de dirigir en estrictos criterios comerciales y, además, la gran oferta que recibió para viajar a la, entonces, República Federal Alemana, decide abandonar USA y rueda de nuevo en tierras germanas "El tigre de Esnapur" (1958), "La tumba india" (1959), y la que sería su última película al agudizarse la pérdida de visón que sufría hacia ya años, "Los crímenes del Dr. Mabuse" (1960).

Tras dieciséis años retirado de la gran pantalla, Lang fallece en Los Ángeles en 1976, dejando un legado ingente plagado de obras maestras míticas y dejando patente su extraordinaria versatilidad que le permitió abarcar todos los géneros con la única excepción de la comedia.

M EL VAMPIRO DE DUSSELDORF (1931)

Fritz Lang

Finalizado este sucinto apunte biográfico, no quiero llevarles al comentario de la obra elegida de Lang sin antes referirles, como ya apunté antes, un suceso que cambiaría el rumbo de su vida de forma crucial, dividiéndola en dos partes diferenciadas a su pesar.

La notoriedad y el éxito abrumador de sus películas, así como el prestigio alcanzado mundialmente, propició que Lang recibiera la llamada de Paul Joseph Goebbels en 1932 para que se presentara inmediatamente en su despacho en el Ministerio de Propaganda; abandonando el rodaje de la última secuencia de otra de sus obras capitales, "El testamento del Dr. Mabuse", que a la sazón se convertiría en la última de su etapa alemana y cuyos motivos ahora conoceremos.

Como él mismo relataría años después, y en las antípodas de las dementes ideas y postulados totalitarios del nacionalsocialismo alemán que en aquellos momentos iniciaba su periplo como fuerza política que llevaría al abismo muy pronto al pueblo germano, acudió a la cita con el ánimo sobrecogido conociendo la personalidad y, sobre todo, el poder de Goebbels: a la sazón íntimo amigo de Adolf Hitler y uno de los ideólogos del Partido Nazi que en esos días imponía sus ideas literalmente a sangre y fuego.

Una vez en el ministerio de propaganda y tras una larga espera haciendo pasillo, Lang fue llevado al despacho del ministro Goebbels. Contrariamente a los augurios de Lang, le recibió de forma cortés y le lanzó un discurso lleno de alabanzas a su forma de hacer cine, demostrando conocer en profundidad todas sus obras y, en especial, "El anillo de los Nibelungos" y "La venganza de Crimilda"; lo que no es de extrañar sabiendo que la ideología nazi bebía de las fuentes de leyendas medievales puestas en imágenes por los guiones de Lang.

Hasta tal punto fue la cordialidad del encuentro que, tras estas loas a su vida y obra, Goebbels le ofreció dirigir la Universum Films Ag, que conocemos por la productora UFA. Esta noticia cogió de sorpresa al director alemán, aunque Goebbels aún no había terminado la propuesta y sus condiciones.

Por supuesto había algo más tras este ofrecimiento y Goebbels no tardó en desvelar a Lang que, simultáneamente a su tarea como rector de la productora, habría de colaborar con el nacionalsocialismo para difundir a través de las películas sus ideas al pueblo alemán y siempre bajo los dictados el partido y del propio Adolf Hitler.

Lang asistió con rostro demudado a todo cuando Goebbels iba desgranando de su proyecto de manipulación de las ideas, sirviéndose de la fuerza comunicativa del cine, en su mayor apogeo en todo el mundo con la llegada de los avances técnicos como el sonido, y en el que tendría que formar parte como diseñador de obras que llevaban intrínseca la semilla de la guerra total, auspiciada por su artífice, el mismísimo Joseph Goebbels.

Sin embargo, el ministro aún no había concluido su exposición porque tras este ofrecimiento y los requerimientos que tendría, se sinceró con Lang cuando fue desvelándole los proyectos del partido nacionalsocialista para llevar a cabo la mayor limpieza étnica de la historia y que, como furibundo antisemita, pergeñaba junto a la cúpula del partido para la masacre inmediata de los judíos sobre tierra germana y la requisa de todos sus bienes.

Tras escuchar esto último, Lang estaba con las manos sudorosas, la lengua como esparto y la cara demacrada y, casi sin poder articular palabra, se despidió como bien pudo de Goebbels diciéndole que le daría una rápida respuesta a su gentil ofrecimiento y salió con paso apresurado del ministerio resbalándole el sudor por la frente.

Tal como contaba, ya corriendo instintivamente llamó voz en grito a un taxi y le pidió que lo llevara a su domicilio de la forma más rápida posible y que le esperara en la puerta. Una vez en su residencia, su mayordomo no salía de su asombro cuando le vio entrar por la puerta desasosegado y con la respiración entrecortada, pidiéndole que le preparara urgentemente una maleta con lo imprescindible.

Lang recogió diversos documentos, el pasaporte, todo el dinero del que disponía y que le dijera a su esposa que se ausentaba por unos días. Volvió al taxi y pidió que le llevara sobre la marcha a la estación de tren berlinesa, donde compró un billete de ida hacia París, donde esa misma noche cenaba en uno de sus hoteles sintiéndose exiliado de su país y desde donde telefoneó a su esposa, la guionista de sus películas Thea von Harbou y le contó lo sucedido así como su decisión de abandonarla, teniendo en cuenta que ella comulgaba con las ideas nazis y sí estaba decidida a sumarse a su maquinaria política y de propaganda.

Ustedes se preguntarán los motivos para esta huída, dejando atrás toda su familia, su esposa, su país, su prestigio….etc.,. Claro que si se llega a quedar también lo hubiera perdido todo, incluso su propia vida.

Un escalofrío le recorría el cuerpo a Lang cuando, años más tarde le preguntaban los motivos, detallaba con la mirada perdida que mientras Goebbels le iba anticipando los terribles acontecimientos en los que se vería envuelta Alemania y que se hicieron realidad al poco tiempo, así como los planes contra los judíos, el decidió llevar a cabo su huída del país aquel mismo día puesto que su madre era judía y, por tanto y según el Deteuronomio, él también era semita en un país que se preparaba para su total aniquilación.

He estimado oportuno ofrecerles esta anécdota, tan dramática como rocambolesca, que enriquece el conocimiento sobre este director, que es absolutamente verídica y demuestra que la realidad siempre supera a la ficción. Pero pongamos ya rumbo de nuevo a lo puramente cinematográfico y conozcamos ahora una de sus grandes obras.

De entre todas las suyas que merecen el calificativo de maestras, sin duda he elegido "M el vampiro de Düsseldorf" al ser la que define con más nitidez su estilo personal de hacer cine que, visto en la distancia y en el contexto en que fue filmada, nos da idea de su capacidad de anticipación y búsqueda de nuevas formas de lenguaje visual que permitieron desde su estreno un avance gigantesco para el séptimo arte, además de ser la que él mismo valoraba más, por encima de otras con mayor reconocimiento.

Para alguien como Lang, dominador del cine mudo con películas ya míticas antes de la llegada del sonoro, el salto a esta nueva y entonces arriesgada forma de hacer cine, supuso no sólo la consolidación de su prestigio sino la constatación de su maestría para crear nuevas formas de expresión y una sabia e inteligente adaptación al nuevo medio, cuyas posibilidades vislumbró desde el primer momento.

Siendo ésta la primera película sonora europea, su argumento nos cuenta la historia de un criminal cuyos violentos y sangrientos asesinatos de niñas tienen aterrorizada a toda la ciudad, cuyos habitantes asisten indignados ante la inoperancia de la policía para lograr su captura.

Esta presión social, hace que los dirigentes policiales ordenen un aumento de la vigilancia en los barrios bajos y la realización de continuas redadas en éstos y, en especial, en los bares nocturnos que constituyen el epicentro de la actividad del hampa.

Con esta nueva situación, los hampones ven cómo la intromisión de la policía paraliza su cotidiana labor delictiva y deciden poner remedio organizando una búsqueda paralela del asesino para atraparle, acabar con él y reanudar así sus actividades ilegales.

Para llevar a cabo el plan, consiguen reclutar a diversos mendigos y los dispersan por toda la ciudad con el fin de que se dediquen a vigilar, en especial a todos los individuos sospechosos que se acerquen a cualquier niña, acordando que para señalarlo escriban con tiza una M, de "mörder" (asesino en alemán), en su espalda. Una vez atrapado, las bandas de delincuentes organizarán un vista pública en la que enjuiciarán al asesino que, en última instancia, será detenido por la policía.

El guión escrito, como en la mayor parte de sus obras, junto a su esposa Thea von Harbou, se basa en una caso real coetáneo protagonizado por el asesino de niñas Peter Kurten; individuo nacido en colonia en 1883 y criado por un padre maltratador y alcohólico, al que las autoridades metieron entre rejas tras conocerse las relaciones incestuosas que mantenía con una de sus hijas.

Estos hechos tan execrables fueron el caldo de cultivo del comportamiento de Peter que ya en la infancia, demostrando así su precoz instinto asesino, contando tan sólo nueve años empujó al agua a un niño dejándole que se ahogara; pero no contento con esto también repitió lo mismo con otro que vino a socorrerle.

Al cumplir la mayoría de edad fue detenido por robo y encarcelado durante dos años; tiempo en el que, según confesó posteriormente, fue tomando cuerpo su odio hacia la sociedad y los deseos de depravación que se materializaron a su salida del presidio cuanto inició una larga carrera de robos, violaciones y crímenes de una crueldad inusitada, que conmovió a la sociedad y tuvo en jaque durante años a las autoridades. Sólo un desliz de Peter, cuando confesó a su mujer la doble vida que llevaba y ésta le delató, fue por fin detenido.

Aunque Lang nunca quiso reconocer la inspiración en este personaje para su obra, es indudable el paralelismo de la historia a la que tanto él como su colaboradora esposa, Thea von Harbou, introdujeron cambios significativos que inducían a una reflexión sobre el papel del asesino, los hampones y la policía; máxime cuando Lang, ferviente oponente a la pena de muerte, hace que su personaje en la ficción no sea finalmente ejecutado, en contra de lo que le ocurrió en la vida real a Peter Kurten que sí lo fue.

Del acierto del guión, directo, sereno, que funciona como un perfecto engranaje que mantiene en vilo al espectador, que es inconmensurable, pasamos a los aspectos que tienen que ver con el lenguaje visual y la narración de la historia que al contemplar esta obra pueda ser datada diez años más tarde, debido a los hallazgos técnicos y estilísticos que Lang pone en juego para impactarnos.

Recordemos ahora que es la primera película sonora del cine alemán y, por supuesto, europeo. Estamos en los albores del cine que ahora podemos contemplar; Lang ya ha roto las amarras con el cine mudo y se adentra en los procelosos mares del sonido directo y los efectos sonoros que dan relieve al cine y, nadie como él, va a saber adaptarse a esta forma de hacerlo.

Pero él no está dispuesto a abjurar de sus principios estéticos ni del cine en estado puro y, prueba de ello, es la lección de arte con la que abre, en un alarde de sincronía y eficacia, esta película. A Lang sólo le hacen falta 27 planos y 8 minutos para llevar nuestro ánimo al centro de la historia, en un ejercicio de concreción, de recursos espartanos y todo ello permitiéndose encadenados no sólo con imágenes sino también con sonidos, por primera vez, que resultan ideales para engarzar la historia, pero también los silencios que confieren dramatismo e intriga.

Todo está al servicio de la materialización de una atmósfera enrarecida en la que el personaje principal aparece en la más decadente soledad, donde su odio es tan grande como su capacidad de hacer daño y crear tanta tristeza cobrándose la vida de inocentes, lo que amplifica su vesania junto a la forma de fotografiar Lang tanto a éste como a los demás personajes que conviven con él, en planos donde la luz se opone a la sombra en un diabólico juego en el que se camufla el horror.

Hallazgo gigante el de integrar un sonido característico como es el silbido de una conocida melodía por el asesino cada vez que actúa (que en este caso es "Peer Gynt" del compositor Grieg), que al final le delatará cuando un mendigo lo identifique al acercarse a una niña (curiosamente el silbido tuvo que hacerlo el propio Lang, dado que el actor Peter Lorre se mostró incapaz de ejecutarlo).

Elegante y sutil podríamos definir la forma de mostrarnos la consecución de los crímenes, donde los objetos, los sonidos o las sombras nos sugieren las terribles acciones del asesino, dándonos licencia para imaginar cómo realmente se producen y equidistantes al máximo de la forma en la que en nuestros días directores de escaso fuste nos presentan iguales hechos, donde la sangre casi nos salpica, dejando nulo recorrido a nuestro subconsciente.

Si todo parece una conjunción de aciertos, no menos es el de dar el papel de protagonista al entonces joven actor Peter Lorre, que coincidirá con Lang tanto en París como ya en Norteamérica y al que le unía una gran amistad, que encarna con perfección el personaje anodino, un cualquiera que dota de mayor horror cuando los demás perciben como alguien que comparte sus vidas puede arrebatárselas.

Su aparición en la película no se hace patente en toda su fuerza hasta el tramo final, al estructurar Lang el relato en tres partes bien diferenciadas en un crescendo que culminará en un final de una intensidad dramática sin precedentes.

De esta forma, las tres partes podíamos resumirlas en una primera, donde conocemos al propio criminal y sus actos de horror, la segunda en la que conoceremos los métodos dispares que desesperadamente ponen en marcha tanto las bandas de hampones como la propia policía y, finalmente, la tercera en la que una turba de delincuentes y personajes de la más baja estofa de la ciudad tomará la forma de un improvisado y vociferante tribunal popular.

Es en este cénit del film donde Lorre hará valer su altura como intérprete, cuando se mete en la piel del psicópata y dirige un memorable discurso a la turba para justificar los motivos que le llevaron a cometer aquellos actos por los que se le juzga y cuyo veredicto está escrito a sangre y de cuya ejecución sólo le salvará al final la intervención de la policía.

Permítanme cerrar esta breve reseña dando su lugar a una de las personas claves de esta película que no es otro que el gran Fritz Arno Wagner, a quien Lang, conociendo su labor al frente de las películas de su admirado Murnau, encomendó fotografiarla con total libertad y que logra de nuevo sublimes planos expresionistas y una utilización magistral de la iluminación de los objetos y estancias donde se desenvuelven los protagonistas, que dota a la trama de un halo de pesadilla que hace aflorar nuestros más escondidos miedos.

Les invito a disfrutar de una película imprescindible del cine clásico de todos tiempos, feliz precursora de tantas formas de expresión y géneros, que abrió el camino al cine tal como hoy lo concebimos y sigue siendo espejo donde mirar y recrearse en el arte en su más alta expresión.

"Le trou es la más bella película jamás realizada en Francia"

Jean Pierre Melville

"LA EVASIÓN" (1960)

(Le trou)

Jacques Becker

JACQUES BECKER

París le vio nacer en el otoño de 1906 en el seno de una acomodada familia en la que su padre, de origen galo, ocupaba un cargo ejecutivo en la Sociedad Fulmen parisina, y su madre, de ascendencia británica, regentaba un taller de costura en la la calle Cambon, a sólo unos pasos de la prestigiosa casa de modas fundada por Coco Chanel.

El contacto con el arte y los artistas marcaría la tónica de Becker en su infancia, adolescencia y juventud, comenzando por la tradición familiar de pasar todas sus vacaciones estivales en la localidad de Marlotte-sur-Loing, donde trabó una gran amistad con Paul Cézanne, vástago del genial pintor francés. De esta amistad surgió otra con Jean Renoir (hijo de Pierre Auguste Renoir) que acudía frecuentemente invitada por los Cézanne y que sería decisiva en su posterior carrera en el cine.

Desde muy joven, Becker sentía una gran afición por este nuevo arte aunque su verdadera pasión era la música de jazz, tan en boga en aquellos días. De tal calibre era ésta que no dudó un instante en solicitar un puesto de trabajo en los transatlánticos que hacían la ruta entre Nueva York y el puerto de "El Havre", sólo para poder escuchar en directo la música de jazz interpretada por la banda de norteamericanos del buque.

No obstante, el cine se asomaba de nuevo en su vida cuando, en uno de sus viajes, conoce en 1928 al gran director norteamericano King Vidor que le ofrece participar en una de sus películas como actor. Becker, tras pensárselo, resueltamente agradeció su ofrecimiento pero lo declinó sincerándose con Vidor en que su deseo de entrar en el mundo del celuloide era para dirigir y no interpretar, que aquél comprendió finalmente.

Y esta decisión de Becker de entrar de lleno en el cine se produce una vez se casa y tras dar también calabazas a su propio padre, quien le propuso un suculento puesto directivo en la empresa que dirigía en París.

Becker no quería ser empresario o burócrata, quería ser director de cine y nada mejor que usar las amistades para conseguir los sueños. En esta ocasión, no dudó en acudir a su amigo de vacaciones estivales, el ya director Jean Renoir, quien lo acogió para ser su asistente y del que aprendió todas las claves del oficio.

Paralelamente y junto a su amigo Pierre Prévert rodó su primer cortometraje, titulado "Le commissaire est bon enfant, le gendarme est sans pitié" (1935), que a su vez era una libre adaptación de la obra de idéntico nombre que escribiera Georges Courteline.

Posteriormente y también junto a Prévert, escribe un guión para un largometraje más ambicioso que dirigirá el propio Jean Renoir, bajo el título de "Le crime de Monsieur Lange" (1936), siendo Becker ayudante de dirección al igual que en la siguiente producción "La vie est à nous", que narra una historia de tono romántico con tintes de drama social.

Esta etapa de aprendizaje a la sombra de Renoir da sus frutos cuando en 1939 le ofrecen dirigir su primer largometraje, titulado "L'or du Cristobal"·, aunque no estaría libre de incidencias ya que la productora adujo falta de liquidez para afrontar la producción y Becker se negó rotundamente a bajar el nivel de calidad de ésta, teniendo que paralizar varias veces el rodaje.

Aprovechando que, al iniciarse la Segunda Guerra Mundial, Becker fue enviado al frente, los productores encargaron la finalización de la película al director Jean Stelli, que sí estuvo dispuesto a satisfacer las exigencias de bajo coste de aquéllos.

Becker, entre tanto, es hecho prisionero por los alemanes y, tras la intervención de la Cruz Roja, es repatriado y regresa a una ciudad de París bajo la ocupación nazi, en la que lograría dirigir tres películas que serían "Demier atour" (1942), en realidad su primer largometraje concluso, "Goupi-mains rouges" (1943) y Falbalas (1945), con cuyo sobrante de película rodó el documental "La liberation de París".

Es de justicia destacar un hecho que habla del carácter decidido, leal y noble de Becker, personaje lleno de integridad en todos sus actos, que le honra sobremanera al defender fervientemente la dignidad y honestidad de su compañero y amigo, el director Henri-Georges Clouzot, a quien admiraba, testificando en su favor una vez fue acusado de colaboracionista por la Comisión de Depuración francesa para investigar a los artistas durante la ocupación nazi.

Dejada atrás la contienda, en una orgía de sangre y fuego, de locura desatada en la que más de 70 millones de personas perdieron la vida en todo el mundo, es hora para Becker de dedicarse de lleno al cine y lo hace dirigiendo durante los años cuarenta y cincuenta films que le auparían a la cúspide del cine galo y convertirse por fin en uno de los cineastas franceses de más reconocimiento.

Así firmará películas de un éxito arrollador como "Antoine et Antoinette" (1947), que obtiene la Palma de Oro del Festival de Cannes", "Rendez-vous de juillet" (1949), premio Louis Delluc, "Edouard et Caroline" (1951) y "Rue de l'Estrapade" (1953), en las que se aprecian de lleno las virtudes de esta peculiar cineasta, en particular relacionadas con su preciosista puesta en escena, la perfección de los diálogos y su fina psicología así como la cuidada dirección de actores.

De la década de los cincuenta hay que destacar una de sus obras maestras basada en un hecho real, como es "Casque d'or" (1952), conocido como "París. Bajos Fondos" en español, en la que dirige en un mítico papel de prostituta a la gran actriz Simone Signoret, en una historia dramática en su inicio pero trágica y siniestra en su conclusión, que con atroz realismo nos traslada al París de principios del siglo XX y nos ofrece un fiel reflejo de los ambientes de marginación y los individuos que en él desarrollan su existencia, que tiene que ver más con la simple supervivencia.

Le sigue a este éxito otro en 1954, en una de sus películas más celebradas, "Touchez pas au grisbi" (No toquéis la pasta), basada en una novela de Albet Simonin, que a la postre se convirtió en un estereotipo del más puro cine negro realizado en Francia, y en el que Jean Gabin relanzó su carrera.

Seguirían a esta joya del cine francés dos obras consideradas menores: "Alí Baba et les quarante voleurs" (1954), que resultó ser un vehículo al servicio del gran cómico Fernandel, y "Les aventures d'Arsene Lupin" (1957).

Después de este bajón momentáneo en la calidad de su cine, en 1958 de nuevo vuelve a la senda de su peculiar estilo para rodar "Montparnasse 19", a modo de melodrama sobre la biografía y vida del pintor Modigliani, y la que pondría fin tanto a su carrera como a su vida, "Le trou" (1960), titulada "La evasión" en español, y que resultaría póstuma al fallecer Becker, siendo su hijo y también director Jean Becker quien hiciera el montaje de las escenas finales que el director nunca pudo llevar a cabo.

"Le trou". considerada por la crítica como muy cercana al espíritu de Robert Bresson, apoyándose en su rigor y sobriedad, sin duda constituye su gran obra maestra que analizaremos con detenimiento a continuación.

LA EVASIÓN (1960)

Jackes Becker

No hay color en esta ocasión. No lo hay porque Jackes Becker hizo extraordinarias películas pero, salvo en algunos momentos sublimes de "París. Bajos Fondos", ninguna de la maestría que podemos apreciar en "La evasión", de la que permítanme utilizar la traducción al español que a fin de cuentas expresa con simpleza aplastante el hecho del que el film nos habla.

Tal vez, los no iniciados piensen que esta película precursora de este subgénero que inaugura tiene el aire de otras, que han copiado la estructura y que tenemos todos en la memoria porque son archiconocidas al proceder de la industria norteamericana, y reconociendo alguna de mérito también debo decirles que al lado de la de Becker son simples anécdotas, me atrevería que serie "B", con perdón de Roger Corman.

Y es que en esas que les hablo, a veces clones unas de otras y con argumentados manidos al servicio de un mensaje repetitivo, el tema central es puramente una evasión, sin más aristas. Por contra, la obra de Becker es una serena y profunda reflexión sobre la amistad, la lealtad y la traición todo ello enmarcado en un ejercicio de estilo de resultados majestuosos y que elevan esta obra a la categoría de eterna.

Pero iniciemos la andadura para conocer de cerca el argumento de este film, basado fielmente en una historia real narrada por el escritor y director de cine José Giovanni, quien fue uno de los protagonistas participante de esta famosa, aún hoy, evasión ocurrida en la prisión de La Santé parisina en 1947.

En un rasgo que le delata como persona íntegra, Becker opta por iniciar el filme sincerándose con el espectador, pero también buscando su implicación como uno más en la trama que va a comenzar inmediatamente, cuando nos muestra casi en gélido tono documental a Jean Keraudy, uno de los actores no profesionales que el director decidió contratar para darle más realismo si cabe a la historia, en el que fríamente nos advierte de que cuanto vamos a contemplar es exacta reproducción de un hecho que acaeció en el penal galo antes mencionado.

Pero a esto debemos sumar, en un vuelta de tuerca de Becker, que este actor no profesional, Jean Keraudy, fue realmente uno de los prisioneros que protagonizaron el intento de huída y cuyo papel responde con fidelidad a cuento aconteció y vivió en persona; en una catarsis que pondrá a prueba sus facultades físicas y mentales para rememorar aquellos acontecimientos.

Admirable es la forma de presentarnos esta secuencia, cuando vemos a Keraudy trabajando ajeno a las cámaras en el motor de un viejo dos caballos, cuando desde dentro del capó la observa y se acerca a ella para, una vez encuadrado, dirigirnos la citada advertencia que precede al film sin dejar ni un momento de limpiarse las manos de grasa en un trapo.

En un fundido y una bella panorámica vertical descendente, vemos la prisión de la Santé y sus alrededores por última vez, aunque aparecerá el exterior en una escena preparatoria de la huída, y nos introduce con los presos en su interior, haciéndonos uno más de ellos, compartiendo sus vivencias, que sentiremos como propias en un efecto que logrará Becker provocarnos al narrarnos con una obsesiva minuciosidad y rigor el plan que los protagonistas urden para escapar de tan tétrico lugar.

Durante el metraje permaneceremos pegados a los protagonistas, sentiremos su claustrofobia y también casi desearemos acompañarles al exterior, y nos compadeceremos de ellos y hasta olvidaremos su condición de, en algunos casos, peligrosos delincuentes, porque sentiremos su angustia como propia y anhelaremos la libertad desde nuestra butaca.

Ahora ya estamos dentro de la prisión. Es una gélida mañana de invierno y asistimos a la entrada en prisión de Gaspard (encarnado por Marc Michel), acusado de intento de asesinato de su esposa que testificó contra él al herirle en el brazo con una escopeta tras un forcejeo. Él se defiende diciendo que fue fortuito el disparo. Para colmo de males, para él naturalmente, mantenía una relación adúltera con la hermana de su esposa y, complicándose la vida, ahora le pueden encerrar 20 años a la sombra.

A Gaspard lo asignan a la celda número 6, que compartirá con cinco reclusos más, en quien advertiremos rasgos y maneras de comportarse que alertan de que los motivos por los que se encuentran encerrados son de mayor calado que el asunto de faldas de Gaspard.

Conocerá entonces a Geo, interpretado por Michel Constantin, un obseso de las mujeres y cuyo tema recurrente es la forma de hacerles el amor; a Roland, interpretado por el propio Jean Keraudy que hizo la introducción del film, que es el cerebro del plan que traen entre manos para la fuga; Manu, encarnado por el actor Philipe Leroy, que a su vez encarna al autor de la novela, José Giovanni, quien respeta y exige a la vez respeto a todos y desconfía del joven Gaspard desde que llegó a la celda y al que un mal presentimiento le hace permanecer siempre en guardia; finalmente a Monseigneur, interpretado por Raymond Meunier, un tipo peculiar que recrimina a Geo su obsesión femenina y predica como fórmula de éxito la de "nada con las mujeres".

Todos ellos son fornidos, tipos duros de verdad y aunque brutos en sí no les falta nobleza como el propio recién llegado irá conociendo. Frente a ellos, Gaspard está fuera de lugar, con su forma de expresarse, sus modales refinados, incluso hasta su mirada o su aspecto son lo opuesto a sus compañeros.

Desde que llegó a la celda, Gaspard presiente que traman algo y que no quieren que conozca. Tras algunos titubeos, los compañeros someten a Gaspard a un interrogatorio en el que le sonsacan los motivos de su encarcelamiento, comprobando que es la infidelidad la que le ha llevado a esa situación.

Precisamente esta abrupta irrupción de Gaspard ha provocado en los cuatro reclusos una inesperada suspensión de sus planes de fuga. Deciden entonces hacerle partícipe de éstos y él mismo acepta colaborar, iniciándose por tanto la evasión que culminará en un clímax donde la valores como la amistad y la lealtad se pondrán a prueba.

Pero el sexto recluso, a la sazón el inocente espectador, quedará sobrecogido al comprobar los medios con los que disponen y el tipo de prisión donde se encuentran y comprenderá que las posibilidades de éxito son escasas, aun conociendo que todo cuanto contempla en la pantalla es un trozo de realidad revivido.

Pero ahí está Becker y su maestría para que de nuevo nos sintamos parte del equipo y a cada momento esa dificultad devenga en un optimismo que salve cuantos obstáculos surjan, y casi nos resbale el sudor por la frente cuando acompañamos a los cinco reclusos en la consecución de sus planes.

Veremos así, utilizado secuencias que no parecen tener fin rodadas con minuciosidad, de qué forma taladran el suelo y cómo enmascaran sincrónicamente el ruido que provoca con el de las obras que, coincidiendo con su excavación, se llevan a cabo en otras celdas contiguas.

Asistiremos a la apasionante tarea en la que es especialista Roland, un veterano de las evasiones, quien irá desgranando paso a paso los secretos para poder encontrar el lugar más idóneo para excavar el túnel que les llevará finalmente a las afueras de la prisión, todo ello en una aventura que comparte el espectador y que acompaña en sus exploraciones a los reclusos por las entrañas del penal fotografiados de forma precisa y en el que la tensión va creciendo conforme se van acercando a la meta.

Simultáneamente, veremos cómo se complementan los equipos cuando los que permanecen en la celda ponen en práctica un ingenioso sistema, para engañar a los guardianes mientras los dos exploradores subterráneos permanecen fuera de aquélla.

Sin embargo, todo este esfuerzo parece desmoronarse cuando se encuentran con un obstáculo que puede poner en peligro el plan, ya casi ejecutado. En este caso es una pared de cemento reforzado que les obligará, en un titánico esfuerzo que el espectador percibe como imposible de acometer, a llevar a cabo otra excavación que tendrá que rodear aquél para encontrar de nuevo una zona donde el túnel sea viable, poniendo de nuevo a prueba la fortaleza física y, por supuesto, mental del equipo que Becker resalta, aparte de su inteligencia natural y habilidades manuales, su capacidad para la perfecta organización en la que suman la entrega y solidaridad que demuestran en cada acción que Becker quiere transmitirnos incidiendo en el poder de estos valores.

En este punto, cuando al fin se vislumbra el éxito de este desafío a lo imposible, la historia girará sobre sí misma y añadirá una nueva arista cuando, tras meditarlo, Manu se sincera a Roland y le confiesa que no desea disgustar a su madre, ya anciana y en la que siempre piensa añorándola, y no va a participar en la evasión, aunque hasta el último momento laborará junto a todos los compañeros para conseguir ese objetivo. También pide a Roland que no desvele sus intenciones a los demás.

Llegamos ya a las secuencias finales, cuando las manos del espectador sudan al compás de los golpes con el pico de Manu, quien junto a Gaspard logran llegar a las alcantarillas de la calle contigua a la prisión, donde entreabriendo una tapa consiguen al fin ver el exterior. Jocosamente, el propio Gaspard comenta a Manu, al ver transitar un taxi, que podrían tomarlo para marcharse directamente.

Asistiremos, ya plenamente cómplices, al alborozo por la gesta conseguida de todos los compañeros ya de regreso en la celda y la planificación de los últimos flecos para la huída definitiva la siguiente noche, donde nada debe fallar y el sigilo ha de envolverles en su camino por las entrañas del penal hacia la ansiada libertad.

Pero, como ya saben, esta grandiosa obra es una loa a la amistad, la lealtad, la solidaridad, pero también es una reflexión sobre la traición y sus consecuencias en nosotros y los que nos rodean, sin ambages, sin medias tintas. Por eso, en este punto de la película, el espectador ya advierte que un hecho va a desencadenar acontecimientos que harán torcer el destino, que se adivinaba feliz para los cinco reclusos. Y aquél no es otro que la visita de la cuñada y también amante del joven Gaspard, quien le confía la pronta retirada de la denuncia de su mujer, y por tanto, la exoneración de su culpa, que posteriormente el director de la cárcel le confirmará personalmente.

Cuando Gaspard regresa tras pasar dos horas fuera de la celda, todos sus compañeros ya sospechan de él, y aunque lo niegue con vehemencia, ya la traición se trasluce por sus ojos, sus gestos, su voz entrecortada, y que será refrendada cuando en el momento de la consecución del plan una turba de vigilantes de la prisión irrumpa en la celda y dé por finalizada esta aventura que ya no tendría su final feliz.

Tras su detención y despojados de sus ropas en el exterior de la celda, Becker nos regala una secuencia de una fuerza arrolladora, que condensa el furibundo desprecio hacia el traidor, también de los propios guardianes que le observan con desdén y al que se suma el espectador, quien finge con ojos de reptil su pesar y con cobardía no puede ni siquiera mirar a la cara a sus compañeros y al que Roland le dirigirá las palabras, con toda su ira contenida, "pobre Gaspard".

Así concluye esta obra maestra, tristemente póstuma y testamentaria por la muerte súbita de Becker, realizada a modo de fiel recreación de unos hechos acaecidos pocos años antes de su rodaje, que llevaría al cine galo a su máximo nivel.

Será difícil encontrar otras obras con tanta profundidad psicológica, donde los personajes son delimitados con una precisión inédita que provoca en su contemplación el difuminado de los bordes entre la realidad y la pura ficción; todo ello con un estilo conciso, sobrio y cuya exposición pausada de acontecimientos intensifican la atención del espectador, ávido de conocer el siguiente paso en cada secuencia, dosificando el interés con cuentagotas en un alarde de preciosismo narrativo.

Esta ironía sobre la compleja condición humana, ideada por un gran artista que tuvo el acierto de hacer una obra que aúna drama y entretenimiento, con un toque de cine de autor en el más puro sentido del término, tan de vanguardia que vista hoy sigue asombrando sus formas y aciertos estilísticos.

Si me lo permiten, vuelvo a insistir en su comienzo porque es una de las claves que permiten clasificar a esta obra como antológica, además tan apartada de las formas y los preceptos de otras que siguieron torpemente su estela; tal vez técnica y estéticamente conseguidas pero sin la fuerza y hondura del guión de Becker.

Les invito a contemplar esta inigualable obra capital del cine francés, obra maestra del cine de todos los tiempos, que abre la puerta a la madurez de este séptimo arte y cuya transcendencia en el desarrollo posterior de éste da idea de su grandeza y, sobre todo, la sensibilidad e inteligencia de su director, Jackes Becker; uno de los grandes.

"Tuve una infancia muy poco feliz. Creo que comprendí lo que era el sufrimiento humano y durante toda mi vida he intentado retratarlo y salir en defensa de la humanidad que sufre".

Vittorio de Sica

"LADRÓN DE BICICLETAS" (1948)

(Ladri di biciclette)

Vittorio de Sica

VITTORIO DE SICA

Vittorio Domenico Gaetano Sorano De Sica, al que todos conocemos por Vittorio De Sica, vino al mundo en el verano de 1901 en la localidad de Sora de la provincia italiana de Terra di Lavoro, en la región de Campania. Su padre, Umberto, empleado de banco de origen calabrés y su madre Teresa nacida en Nápoles.

La vida era dura en aquellos albores del siglo XX y la familia tuvo que marchar a Roma, donde Vittorio pasó toda su infancia y adolescencia, en la que comenzó a estudiar contabilidad, que la verdad no era algo que le entusiasmara. Un amigo le anima a presentarse a una prueba para figurar en una película muda cuya protagonista era la, entonces, famosa estrella italiana Francesca Bertini, titulada "El proceso Clemenceau", en la que contra todo pronóstico consigue un papel.

Este primer contacto con el mundo del espectáculo hace que decida abandonar sus estudios y dedicarse de lleno a la interpretación para, posteriormente, pasar a engrosar el elenco de la Compañía de Teatro "Tatiana Paulova"; aunque por escaso tiempo puesto que se lanza a formar su propia compañía en la que obtuvo innumerables éxitos y llegó a contar con un prestigio que propició que, junto con su carrera en el cine, no abandonara las tablas en toda su vida y por las que sentía verdadera pasión.

En paralelo ya a su actividad escénica y con la llegada del cine sonoro, continuaría su carrera en el mundo del celuloide con papeles ya de protagonista en comedias ligeras de "teléfonos blancos", de gran éxito en aquella época y que le llevarían a ser considerado una estrella en Italia.

Esta fama y las ganancias que producía, hacen posible que Vittorio cumpla uno de sus sueños: dirigir. De esta forma y ayudado por Giuseppe Amato, estrena "Rosas escarlatas", "Magdalena, cero en conducta" y "Recuerdo de amor", correctas producciones aunque lejos de las que le haría entrar en el élite del cine.

Sin embargo, un hecho se va a producir que dará una nuevo rumbo en su carrera cuando protagonizaba la película "Daró un millione", cual es la amistad que inicia con el guionista Cesare Zavattini, a la sazón su alter ego por edad, formación, ideas en torno a la vida y su inquebrantable fe católica.

Tan profunda es su coincidencia que ambos inician un camino que no dejarán en sus respectivas carreras en el mundo del cine, comenzando con "I bambini ci quardano", film de 1944 que recrea la tragedia de un niño de cuatro años abandonado por su madre para irse con su amante.

Le sigue a ésta una película que les encarga el propio Vaticano, bajo el título "La puerta al cielo" (1945), que va a constituir un hito en la carrera de ambos al colaborar en un plan que iba a salvar la vida de cientos de judíos.

En un plan urdido con la intervención y anuencia del Papa Pio XII, Vittorio de Sica contrató para participar como extras en el film a cientos de italianos de ascendencia hebrea, buscados por los nazis para trasladarles a campos de exterminio en Polonia, que narraba las vicisitudes de un grupo de enfermos en su viaje en peregrinación a un santuario.

En coordinación con el Pontífice, el director italiano hacía repetir una y mil veces las escenas para desesperación de los miembros de la Gestapo desplazados a la capital italiana, haciendo que el rodaje fuera interminable con el objeto de ganar tiempo, a sabiendas que estaba próxima ya la liberación de los aliados, que consiguió a la postre su fin y el título podría haberse denominado "La puerta de la libertad". Como dato anecdótico, y que habla de su carácter y decisión, la producción delegada de la película recayó en el auténtico artífice de todo el plan que no sería otro que Giovanni Montini, quien se convertiría algunos años más tarde en el Papa Pablo VI.

Para mayor dramatismo y tensión durante el rodaje, en su transcurso y en una situación similar a la que vivió en sus carnes Fritz Lang, el poderoso ministro de propaganda nazi Joseph Goebbels llamó a capítulo a Vittorio para ofrecerle un cargo plenipotenciario en el cine italiano e integrarse en la maquinaria fascista, para difundir las excelencias del totalitarismo tanto transalpino como teutón.

Con exquisita educación, gracejo y labia sin igual, Vittorio declinó este envenenado ofrecimiento sin desatar la ira de tan vil personaje, que le hubiera puesto al pié de los temidos sicarios de Mussolini, poniendo como excusa el encargo del Vaticano para culminar la producción que tantos dolores de cabeza daba a los dos regímenes fascistas.

Producida la liberación, De Sica y Zavattini van a protagonizar uno de los períodos más fructíferos y recordados el cine italiano, incardinándose como precursores en el llamado "neorrealismo" con un film que lleva intrínsecas todas las claves de esta corriente puramente italiana nacida en la difícil postguerra, con el título "El limpiabotas" en su traducción al español, siendo "Sciusciá" el original en italiano, que alude a la vulgarización del término anglosajón "Shoe-Shine", como son nombradas las personas del oficio, y que retrataba con crudeza y verosimilitud la difícil existencia de una pareja de pequeños limpiabotas.

Tras ésta llegará la obra maestra por antonomasia, sin discusión, del neorrealismo y la cumbre del dúo De Sica-Zavattini, "Ladrón de bicicletas", que a continuación analizaremos detenidamente, en el que conoceremos la desesperación de un padre acompañado de su hijo en la búsqueda de la bicicleta que le han robado y que sin ella no podrá trabajar.

Con esta obra llega el éxito rotundo en el plano internacional al conseguir el Oscar a la mejor película de habla no inglesa, pero no los problemas para financiar sus proyectos, al negarse los productores a poner más dinero en aquellos donde Zavattini interviniera.

Este obstáculo es salvable puesto que De Sica, en una maniobra que nos recuerda al orondo genio del cine norteamericano Orson

Welles, acepta participar como actor en películas de escasa calidad aunque de gran éxito en taquilla, donde consigue los fondos necesarios para llevar adelante proyectos que acariciaba desde hacía tiempo, escritos de nuevo con su compañero de fatigas cinematográficas, Cesare Zavattini, que serían "Milagro en Milán" y "Umberto D", una obra maestra que resultó ser una ruina en taquilla.

De este jaez y agobiado por las facturas, De Sica da con la clave para continuar satisfaciendo sus ansias de realizar un cine acorde con sus ideas cuando traba relación con el productor norteamericano David O'Selznick, en aquel entones en la cúspide de su carrera, con el que llega a un acuerdo según el cual De Sica incorporaría a su pareja, Jennifer Jones, como protagonista en la película "Estación Termini" y O'Selznick la produciría.

Posteriormente, el productor norteamericano contrataría esta vez como actor a De Sica pero con el único fin de que estuviera de nuevo al lado de su pareja Jennifer Jones en el film "Adiós a las armas" (1957), que sin embargo y dada su profesionalidad le valió una candidatura a los Oscar como mejor secundario.

En la faceta de actor, sin desmerecer la infinidad de papeles que interpretó, destacan su trabajo en "El general de la Rovere", interpretando a un suplantador de identidad que termina siendo un héroe, bajo la dirección del fundador del neorrealismo, el gran Roberto Rossellini.

De nuevo una amistad va a marcar la vida de Vittorio, cuando inicia una relación con el matrimonio formado por el productor Carlo Ponti y su esposa, la gran actriz Sophia Loren, que le llevarán a dirigir largometrajes que auparían a la cúspide a ésta, y en especial el film "Dos mujeres", por el que obtendría el Oscar a la mejor actriz, en una historia durísima en la que una madre intenta sobrevivir en la postguerra.

Siguieron a éste éxito dos más en los que De Sica dirigirá a la pareja Sophia Loren-Marcello Mastroianni, como fueron "Matrimonio a la italiana" y "Los girasoles", en una bella historia donde una campesina viaja hasta Rusia tras la pista de su marido desaparecido durante la guerra.

En la década de los setenta su cine se hace más comercial y sólo encontraremos su personal visión en el film, que sorprendió a toda la crítica especializada al dar por concluida la carrera de Vittorio, "El jardín de los Finzi Contini", en una historia que de nuevo retrotrae a momentos previos al inicio de la Segunda Guerra Mundial y que estaba basada en una extraordinaria novela de Giorgio Bassini, y en la que curiosamente no participó en su guión Zavattini.

Tras rodar "Amargo despertar", llegaría su despedida de la cinematografía con "El viaje", de nuevo con Sophia Loren de protagonista a quien da réplica Richard Burton, que no aporta nada en su extensa, densa y prolífica carrera, conclusa el 13 de noviembre de 1974, al no superar una operación en la localidad francesa de Neuilly-sur-Seine.

LADRÓN DE BICICLETAS (1948)

Vittorio de Sica

El crítico galo André Bazin dijo de ella: "Es la más bella historia de amor al prójimo". No se me ocurre mayor alabanza a una película tan grande, tan actual si me lo permitís, tan hecha con el corazón, tan sobrecogedora, tan conmovedora, tan honesta, tan verdadera en suma.

Zavattini y De Sica alcanzan el cielo con esta desgarradora historia y abren la puerta del neorrealismo para que admiremos el arte de contar la propia realidad cotidiana, con toda su fuerza, con toda su crudeza, de un país destrozado, en una suerte de apocalipsis donde la miseria es la nueva patria de miles de personas sin trabajo, abandonados a su suerte por gobiernos sin soluciones, sobreviviendo en la más absoluta pobreza que mina silenciosamente sus almas. De Sica había leído la obra homónima de Luigi Bartolini, editada en 1945, y en cuanto tiene la oportunidad se pone manos a la obra junto con Cesare Zavattini para realizar el guión adaptado, en el que trabajan durante meses.

Una vez dispuesto el guión, De Sica comienza la búsqueda de productores para llevar a cabo el proyecto pero se encuentra con la negativa absoluta de aquéllos, al considerar unánimes que la historia peca en exceso de simple y su trama cuenta con escaso bagaje para interesar a los espectadores y, por tanto, un negocio arriesgado donde perder mucho dinero.

Ante la adversidad, De Sica no se rinde y por fin encuentra a un productor que le ofrece un millón de dólares de la época; claro que le pone como condición exclusiva que protagonice el film el mismísimo Cary Grant; a lo que se negó en redondo ya que su idea era no utilizar actores profesionales, y menos a uno de los actores más renombrados de la época.

Para Vittorio, era crucial conseguir que una persona anónima, un hombre común de la calle, que tuviera las mayores concomitancias con el personaje novelado, fuera el protagonista y así consiguió por fin llevarlo a la práctica al incorporar a Lamberto Maggiorani, que se trataba de un simple trabajador de una siderurgia con el que hizo amistad durante sus recorridos por Roma, en los que aprovechaba para escuchar las diatribas de sus habitantes, en momentos tan difíciles para el país.

Y de igual forma para todo el plantel de protagonistas, en el que hay que destacar el encarnado por el niño Enzo Staiola, al que De Sica eligió entre multitud de pequeños que se presentaron a las pruebas de reparto al verle caminar, y cuya actuación daría razón al olfato el director al encarnar al personaje con una candidez inigualable y una fuerza expresiva sorprendente para un niño; siendo no menos espléndidas las actuaciones de Lianella Carrel, como María Ricci, Vittorio Antonucci, como el joven ladrón de la bicicleta que da pié a la historia, Giulio Chiari, como un viejo vagabundo, y Gino Saltamerenda, en el rol de un trapero amigo de Antonio y que le ayudará en su incansable búsqueda.

Aclaremos que esta obsesiva apuesta de De Sica no era en absoluto caprichosa o gratuita, máxime si tenemos en cuenta que en el neorrealismo, una corriente doméstica transalpina por otra parte nacida de la necesidad del momento y la coyuntura de la postguerra, resulta vana la razón de ser tanto de los actuantes como de la misma puesta en escena de la historia, y en esto el director italiano cree desaforadamente y pone en práctica en su más purista expresión abstrayéndose de cualquier tipo de consecuencia.

La historia de "Ladrón de bicicletas", rodada justo dos semanas después de terminada la Segunda Guerra Mundial, comienza al más genuino estilo neorrealista saliendo Antonio Ricci, el protagonista, de entre una multitud que va de un lado para otro sin oficio ni beneficio en un suburbio romano, donde éste lleva sin trabajo dos años.

El trabajo es escaso pero la fortuna parece habérsele puesto de cara a nuestro protagonista porque, tras mucho buscar, por fin encuentra un trabajo municipal en su barriada pegando carteles aunque, cosas del destino, se le impone como condición poseer una bicicleta.

Los años sin trabajo, viviendo de un pequeño subsidio y lo poco que le daba la beneficencia, hizo que Antonio empeñara su preciado vehículo a cambio de un préstamo que permitiera salir adelante a su familia. Cuando plantea el problema a su mujer, ésta decide a su vez empeñar una de sus humildes posesiones: las sábanas, todo para que Antonio recupere su bicicleta, que es su bien más preciado tras haber sido prohibida su utilización durante la ocupación nazi, lo que le permitirá volver a contar con un trabajo y con éste recuperar esa dignidad que las circunstancias le han arrebatado.

La fortuna dura poco para Antonio y su familia porque, en un momento de descuido y mientras pega un cartel cinematográfico, el primer día de trabajo le roban la bicicleta y con ella su vida y su futuro. Voz en grito, como una exhalación y el rostro desfigurado por la desesperación, persigue infructuosamente al ladrón por las calles.

Ya sin resuello decide denunciar el robo ante la policía, pero pronto cae en la cuenta que no es el camino para dar con la bicicleta puesto que ni muestran interés ni tienen medios para hacerlo. El desánimo hace mella en su decisión pero acude a la ayuda de un amigo trapero que a su vez pone a localizar la bicicleta a compañeros basureros. Para colmo de males, Antonio cae en la cuenta de que es sábado y sólo le queda el domingo para intentar recuperarla y así poder seguir trabajando.

Al amanecer, Antonio, el trapero y sus amigos, a los que se une con madurez y valentía su hijo de seis años Bruno, inician una batida para encontrar la bicicleta comenzando por la Piazza Vittorio y a continuación por la Portese. En ésta, y según es sabido en la ciudad, es el sitio elegido por los delincuentes para vender todo lo robado. Pero no aparece y Antonio imagina que la han desguazado y su esfuerzo inútil.

Pero en el último instante, Antonio a lo lejos ve su bicicleta junto a un viejo vagabundo. Comienza una carrera para alcanzar al ladrón pero consigue escapar. Vuelve sobre sus pasos para preguntar al vagabundo pero ya se ha marchado. Sin embargo, logrará encontrarlo más tarde en un comedor benéfico.

Interrogado, el vagabundo dice no saber nada de bicicletas ni de ladrones. Al borde de la extenuación y desecho de los nervios, Antonio entra en la consulta de una vidente que, como es lógico, no le ayuda; pero el esfuerzo no iba a ser en vano porque al salir de la casa de ésta se da de bruces con el ladrón.

Parecen todos los problemas resueltos y éstos no han hecho más que comenzar cuando, ante la intención de Antonio de recuperar su bicicleta abordando con suma violencia al joven ladrón, sus amigos y compañeros de fatigas y fechorías lo impiden defendiéndole y no tiene más camino que acudir a un Carabinieri para pedirle su intervención. Antonio escucha perplejo al policía cuando le dice que sin testigos del robo no puede hacer nada y le conmina a seguir su camino y olvidarse del asunto.

Presa de la mayor impotencia por la injusticia a la que se ve sometido, abandonado por todos, Antonio y su hijo Bruno no tienen otra cosa que hacer que marcharse a su casa, para lo cual esperan pacientemente el autobús. Mientras lánguido transcurre el tiempo, Antonio observa, tentado por un impulso extraño a su comportamiento y educación, cómo hay cerca una bicicleta que nadie guarda y se encamina hacia ésta observando furtivamente los alrededores.

Nublado ya el juicio, se lanza veloz a robarla cuando los gritos del dueño alertan a los viandantes que se convierten enseguida en una muchedumbre enardecida que le persigue obstinadamente por las calles, mientras pedalea tembloroso y termina abalanzándose furiosa sobre él y logra atraparlo.

Mientras todo esto ocurre, su hijo Bruno observa la escena acongojado y corre entre la multitud hasta llegar donde tienen a su padre al que coge tiernamente de la mano. Antonio ve cómo nada le salvará de acabar con sus huesos en la cárcel, tal como debió hacerlo aquél que le robó su bicicleta. Sin embargo, la llegada del pequeño, y su llanto infantil desconsolado al ver a su padre en manos de sus captores, logra ablandar al dueño de la bicicleta y desiste de denunciarle permitiéndole que se marche, aunque con la desaprobación manifiesta de los que le atraparon, zarandearon y golpearon, aunque para Antonio lo que más le duele es la pérdida de su dignidad ante los ojos desbordados de lágrimas de su pequeño.

Mientras la noche romana cae parsimoniosa, Antonio y Bruno caminan en silencio cogidos de la mano, engullidos por la multitud en la que desaparecen.

Estremecedor. Es tal vez uno de los finales más emotivos de la historia del cine y representa la quintaesencia el neorrealismo, con sus protagonistas perdiéndose en la masa informe que avanza sin rumbo. Y no habría sido la misma sin la actuación portentosa de Enso Staiola, el niño de 6 años que borda el papel de Bruno, tan inteligente como cariñoso, que nos recuerda a la mítica obra de Charles Chaplin, "El chico" (1920), aparte de su paralelismo en la escena final.

Vittorio De Sica y Cesare Zavattini dibujan con palabras y secuencias antológicas, despojadas de cualquier elemento artificial, una ciudad de Roma, la ciudad eterna, el otrora imperio, sumida en la desesperanza que anida en el corazón de miles de parados, en interminables colas donde el tiempo se convierte en plomo ya sean de la casa de empeños, las del tranvía, o los comedores de beneficiencia; incluso en los lupanares.

Contemplamos la cantidad de mendigos que pululan por las calles o sentados en las aceras y, junto a éstos, una fauna en la que sobreviven de pequeños hurtos los descuideros, de mercancías de dudoso origen los vendedores furtivos, en un país sumido en la más atroz de las miserias, que no excluye la moral cuando los gobernantes son ineptos y abandonan a su suerte a los ciudadanos.

Es una película cruda pero poética, preñada de momentos de lirismo, de silencios, de planos sublimes donde la imagen fuerza a nuestros sentidos; es una película dramática, trágica, pero a la vez esperanzadora cuando en esa secuencia final padre e hijo, tomados de la mano caminando, nos transmite optimismo de que esa unión es semilla que germinará en la voluntad de superar juntos la adversidad.

De Sica se sirve de esta historia, empujado por sus creencias, su forma de ver el mundo como confiesa intentado ayudar a la gente porque ha conocido de cerca el sufrimiento, para reflexionar en paralelo sobre la importancia de la familia, de su apoyo en los momentos más difíciles de nuestra existencia, del regalo que son los hijos, su cariño, su fe en nosotros cuando todo está perdido.

Pero también nos habla de la dignidad y de la importancia de poder ganarnos la vida con honestidad para conservarla intacta, de tener valores éticos, de no ser indiferente ante la desesperación, de la obligación de ser solidarios con nuestro prójimo, de la bondad en suma; todo ello contado sin afán didáctico ni excesivos tonos populistas, sino todo lo contrario: con la verdad cruda siempre libre de licencias que se alejen de lo estrictamente real que deseaba transmitir, y eso era la realidad lisa y llana, un fragmento de la vida cotidiana acercando la miseria en la que se vieron sumidos millones de italianos.

No faltan en esta obra capital el cine italiano, añadiendo contraste y contrapunto del drama propio de Vittoro De Sica, esas gotas de humor entre negro y surrealista, ausentes en otras producciones de autores seguidores del neorrealismo, como en el caso de una secuencia en la que unas monjas reparten sopa a cambio de la asistencia a la misa, que delatan la personalidad que, dentro de la corriente a la que estaba adscrito, mantenía incólume en sus creaciones.

Es una obra cautivadora, no sin detractores que también son legión y es la excepción que confirma la regla, no es unánime y eso aún la hace más grande e influyente. A veces usa la sutileza, un arma de fino calibre aunque certera, en otras usa la crítica a modo de punzante daga cuando pone en solfa la estructura social, a la que ridiculiza sin miramientos, pero también sin enardecimientos ni soflamas.

Trae sobre nuestras conciencias la mayor de las injusticias que no es otra que la desigualdad. Al poder, lo que representa y quienes le representan y siguen sus dictados, son mostrados como inútiles e incapaces de dar solución a la miseria y el sufrimiento de los humildes, arremolinados en turbas que recorren la ciudad o presas de esperas interminables en las colas que son moneda común.

Este bello friso tiene como fondo la música que De Sica encargó a Alessandro Cicognini, que había compuesto una partitura espléndida en su anterior film, "El limpiabotas", y en la que subraya los momentos más emotivos con su estilo lleno de añoranza y evocación, pero sin dejar de acompañar los momentos de más intensidad dramática.

Para la fotografía, y de acuerdo con sus precisas instrucciones de huir de efectos y ceñirse a la realidad, Carlo Montuori, habitual en sus filmes, realiza un trabajo que se ajusta, por su hiperrealismo y sencillez, a las crudas situaciones que los protagonistas viven, sobresaliendo las panorámicas como sello indeleble de la corriente neorrealista donde este film es basamento.

"Ladrón de bicicletas" es una obra maestra, colosal, que no deben perderse y estar atentos a lo que esconde en sus pliegues, tras la sordidez, tras los mil y un tonos grises, a modo de mensajes cifrados por Vittorio De Sica, que nos hablan de su inteligencia, pero sobre todo de su humanidad para la que, sirviéndose de una dramática anécdota sobre el fondo de los trágicos días vividos en la dura postguerra italiana, nos ofrece una apología sobre la relación de un padre y su hijo en una búsqueda en la que se encontrarán a sí mismos. Un camino iniciático, emocionante, desgarrador, conmovedor.

"Mi amor por el cine es más grande que mi moral"

Alfred Hitchcock

"VÉRTIGO" (1958)

(Vertigo)

Alfred Hitchcock

ALFRED HITCHCOCK

Alfred Joseph Hitchcock nació en la localidad inglesa de Leytonstone en el verano de 1899, hijo de William y Emma, tenderos ambos y que educaron a éste junto a sus dos hermanos mayores, William y Eileen, en la observancia estricta del catolicismo.

Alfred, desde muy pequeño encandilado por las historias tanto de Charles Dickens como de Edgar Allan Poe, su autor favorito, y deslumbrado por el cine a raíz de ver "El nacimiento de una nación" de David Wark Griffith, cursó estudios en el "Saint Ignatius College" en Londres, aunque contando con dieciséis años tuvo que abandonarlos para regresar al domicilio familiar, debido al repentino fallecimiento de su padre, para comenzar a trabajar en la Compañía Telegráfica Henley.

Sin embargo, posteriormente regresó a la senda académica, para matricularse en la Universidad de Londres donde estudiaría Ingeniería. No obstante, al no ser su vocación, en 1920 encamina sus pasos a la que ciertamente sentía como propia, el cine, aunque como trabajo ocasional en la Famous Players Lasky donde le encargaban realizar los rótulos de películas mudas.

Pero de ocasional se convirtió en un oficio y pronto Alfred era montador, después director artístico y, al fin, guionista para otros directores como Donald Crisp o Hugh Ford. Precisamente en esta productora conocería la que sería su esposa, Alma Reville, quien trabajaba de montadora y colaboraría en multitud de sus películas durante toda su vida.

Tras tres años como ayudante de dirección, donde aprendió el oficio al lado del director Graham Cutts, en 1923 recibe su primer encargo para rodar un cortometraje, titulado "Number 13". Pero lamentablemente la producción fue un desastre y quedó sin concluir. Alfred vio como se iba su primera oportunidad.

Pero su decisión era inquebrantable y dos años después le surge una nueva, pero esta vez en Alemania. En efecto, le ofrecen dirigir ya un largometraje en Munich que se convertirá en su primer film bajo el título "El jardín de la alegría" (1925), una coproducción germano-británica, cuyo éxito popular le hizo conseguir cierto renombre. Alfred veía como los vientos habían cambiado y sus anhelos se cumplían.

Este notable trabajo le vale para que se le encargue rodar la primera película sonora en Inglaterra, "Blackmail", en 1929, que le granjeó el respeto no sólo del público sino de la crítica especializada que veía la aparición de una nueva figura emergente del cine genuinamente "British".

Así que Alfred está ya sobre los raíles de la fama y el reconocimiento a su trabajo porque en pocos años, es considerado por los británicos como una seña de identidad del nuevo cine del que se enorgullecen; gracias a que el orondo director encadena éxito tras éxito, que traspasa las fronteras, con películas del calibre de "Asesinato" (1930), "El hombre que sabía demasiado" (1934) y, sobre todo, la genial producción "39 escalones", que ya adelantan las claves de ese cine tan personal que le llevará a la cúspide.

En 1937, junto con su familia viajan a Nueva York para conocerla y se entrevista con el productor David O'Selznick, quien le hace una oferta para dirigir en los Estados Unidos. Hitchcock decide de momento regresar a Inglaterra y sopesar la decisión.

En 1939, junto a su familia y su secretaria personal Joan Harrison, viaja de nuevo a Norteamérica y acepta las condiciones del productor que ya le encarga su primer trabajo, "Rebeca" (1940), con tres espléndidos actores como Joan Fontaine, Lawrence Olivier y Judith Anderson, adaptando a la gran pantalla la obra de Daphne du Maurier, un melodrama de tintes góticos donde indaga en los vericuetos de la mente de una joven esposa frente a la frialdad de su marido, una poderosa e irascible ama de llaves y, sobre todo, el perenne recuerdo de la anterior esposa de su marido, Rebeca.

Hitchcock, con once nominaciones, ve cómo John Ford se lleva aquel año el Oscar por "Las uvas de la ira" y, desde entonces, jamás conseguirá la preciada estatuilla para la que igualmente será propuesto cinco veces más en su carrera, con la salvedad de algún que otro premio de carácter honorífico, en un error que sólo el tiempo logrará corregir.

Tras surgir las primeras divergencias con O'Selznick, quien imponía restricciones artísticas a un creador e innovador del lenguaje visual como Hitchcock, llega la segunda película bajo el título "Foreign correspondent", donde abordaba el tema de actualidad como era el desarrollo de la Segunda Guerra Mundial, protagonizado por Joel McCrea.

A partir de esta producción, Hitchcock decide dosificar su ritmo de rodaje y limita su número a uno por cada año, en las que hacía un cameo a modo de firma ausente de diálogo, apareciendo en las mismas en escuetos planos mostrando su grueso perfil, y por las que también se hizo archifamoso hasta tal punto que tuvo que incluirlas cada vez más al comienzo de las películas, al darse cuenta que distraían al público buscando el momento exacto de sus breves apariciones en pantalla.

Al año siguiente rodaría "Sospecha" (1941), interpretada por su compatriota Cary Grant, con quien mantuvo siempre una gran amistad, y así una serie de éxitos que le permiten en 1944 crear su propia productora junto a Sidney Berstein, denominada Transatlantic Pictures.

En 1946 rueda "Encadenados", en la que aparece la primera "rubia hitchckoniana", de las que decía preferir por su halo misterioso, que se trató de la gran actriz Ingrid Bergman, quien repetiría un año después en "Recuerda", donde el psicoanálisis sirve eje a una historia donde es clave la participación del pintor español Salvador Dalí, a quien Hitchcock admiraba profundamente y encargó diseñara los decorados para la escena del sueño, que se ha convertido en una de las más celebradas de su filmografía.

Pero nuestro bromista director, conocido en Hollywood por las que gastaba a los propios actores y, en especial, a sus "rubias", a las que reservaba las más pesadas, iba a recibir un golpe duro que le dejó fuera de combate. Y es que su actriz fetiche, como lo era Grant en los personajes masculinos, le abandonó para trabajar en Italia con Roberto Rossellini, genio del surrealismo.

Sin embargo, no tardó mucho en levantarse porque se cruza en su camino la que sería un icono de su cine y de todo Hollywood: Grace Kelly; otra rubia de una belleza serena, innata elegancia y sofisticación que se convertiría pronto en su verdadera musa y la haría interpretar obras míticas como "La ventana indiscreta" (1954), junto a James Stewart, "Crimen perfecto" (1954) junto a Ray Milland, y "Atrapa a un ladrón" (1955), junto a Cary Grant.

En 1957, y tras rodar "Falso culpable", con Henry Fonda y Vera Miles, la película por la que sentía predilección el director británico, le surge un proyecto para televisión novedoso que se llamaría "Alfred Hitchcock presenta" y que constituiría un clamoroso éxito al seleccionar y presentar historias cortas donde el suspense y la intriga replicaba sus mejores producciones en la gran pantalla, y que recibió el Globo de Oro a la mejor serie para la televisión.

Esta racha de buenos augurios, que ahora incluía su fama televisiva que llegaba a millones de hogares norteamericanos, se corta en seco al conocer el súbito compromiso de su musa, Grace Kelly, con el príncipe Rainiero de Mónaco y, lo que más mella le hizo, su definitiva retirada del cine.

No durarían mucho en esta ocasión las tribulaciones puesto que tras buscar nueva actriz encuentra a Kim Novak, para el papel de su vida en "Vértigo" (1958), que a continuación vamos a analizar con profundidad y que recibe la Concha de Plata de Festival de San Sebastián. Al año siguiente escogió a Eva Marie Saint, rubia que acompañó a Cary Grant en "Con la muerte en los talones"; film cuya escena de este actor en su huída de una avioneta es uno de los momentos más sublimes del cine.

Janet Leigh sería la siguiente, en 1960 cuando rueda una de las obras más terroríficas de todos los tiempos, "Psicosis", junto a un sublime Anthony Perkins en la interpretación cumbre de su carrera y que contiene otro trozo antológico de la historia del cine como es la escena de la ducha, que encarama a su director en la cúspide de este arte multidisciplinar.

En 1963 sería Tippi Hedren la elegida para "Los pájaros", otra de las cintas con escenas terroríficas y de una intensidad dramática grandiosa, y a quien también llevaría a interpretar la protagonista de "Marnie la ladrona" (1964), junto a Sean Connery. Precisamente en estos rodajes le hacía a Tippi Hedren las bromas más macabras que puedan ocurrírseles, y por las que ésta mostró siempre un gran disgusto.

La Academia de Artes y Ciencias Cinematográficas le concedió el premio Memorial Irving Thalberg, a modo de compensación por la grave injusticia de no haberle concedido jamás un Oscar; que se le negó durante toda su carrera y habiendo estado nominado en cinco ocasiones diferentes. Debo decirles que el maestro británico, al recoger el premio y dejando boquiabierta a la audiencia, sólo dijo "gracias"; con lo que advertimos el daño moral que sus propios compañeros, jaleados por la crítica, le hicieron sin merecimiento, y de los que dijo que "me pueden quitar todo, salvo mi talento".

Y mientras esto ocurría y la desconsideración se cebaba en él, en Europa nuestro maestro era el guía para las nuevas generaciones de cineastas que veían en su cine el compendio del arte, y entre todos ellos Francois Truffaut, que publicaría un extenso volumen de sus entrevistas con él, donde hablaba distendidamente de su vida y obra.

Sus siguientes títulos indicaban una prematura decadencia con títulos como "Cortina rasgada", con Paul Newman y Julie Andrews, o "Topaz", con Frederick Stafford y Claude Jade, que estaban lejos de su fuerza y personalidad que sólo en "Frenesí" (1972) se acercaría a ese umbral de calidad.

Ese mismo año tuvo la dicha de conocer personalmente a su admirado Luis Buñuel, en una cena organizada por George Cukor en honor de éste tras recibir el Oscar por "El discreto encanto e la burguesía", en la que Hitchcock le recibió con un abrazo diciéndole textualmente "el mejor y más modesto de todos nosotros", lo que da idea del carácter profundamente humilde y sincero de este gran director nacido en las islas británicas, maltratado despiadadamente por la crítica y reverenciado por todos los que aman el cine.

En 1976 rueda su última película "La trama", y tras ésta tanto su artritis como su corazón se resiente, sufriendo un colapso que se vio agravado al conocer un ataque de apoplejía que sufrió su esposa Alma.

Comienzan los rumores crueles en la prensa sobre su alcoholismo motivado por la depresión, que sus amigos y colaboradores intentan no minen su desecho ánimo. Tal vez de sus gestiones, comienzan a llegarles homenajes y galardones, como el premio a la labor de una vida del American Film Institute ese mismo año, el de "Hombre el año" de la Cámara de Comercio británico-americana al siguiente, y el nombramiento como Caballero el Imperio Británico en 1979.

Muy pocos meses después en 1980, Alfred Hitchcock, el gran maestro del cine, aunque quieran muchos limitarlo al suspense, fallecía en su casa de Bel Air, mientras con ilusión renovada trabajaba incansable en una adaptación de la novela de Ronald Kirkbride, "The short night".

VÉRTIGO (1958)
Alfred Hitchcock

No tengo dudas y ya es tarea difícil tratándose del mejor realizador de cine de todos los tiempos; aseveración de la que de igual modo no tengo reparo en confesar que creo con rotundidad, si bien y en descargo de alguna de las posibles discrepancias, en paralelo considero a John Ford el más grande director.

Y si de "Vértigo" hablamos, he de dejar constancia de que mientras estaba escribiendo estas sucintas líneas sobre tan gran obra, leo en la prensa, escucho en la radio, veo en la televisión cómo el tiempo y su transcurrir inexorable coloca a todas las personas en el lugar que la historia ha reservado y corresponde por carta de naturaleza, al colocarse como la mejor película de todos los tiempos, desbancando a la incólume "Ciudadano Kane", joya de igual calibre artístico.

Aunque no creo en movimientos, organizaciones o estamentos, sean civiles o militares y permítanme la ironía, que se dedican, al parecer porque no tienen nada más que hacer, a elaborar listas de cosas, películas, canciones, libros y demás, considero que en esta ocasión los votantes han hecho justicia porque estamos ante el cine por excelencia, una obra perfecta de un mago de este singular arte, masacrado sin piedad en su día, minusvalorado por sus coetáneos y hoy considerado entre los más grandes.

En estas páginas, a propósito de Henri-Georges Clouzot, he detallado la anécdota que disgustó tanto a nuestro admirado Alfred Hitchcock al no poder la Paramount, siguiendo sus indicaciones, llegar a tiempo para hacerse con los derechos de la obra original de Pierre Boileau y Thomas Narjerac, "Celle qui n'etait plus", ya que el director francés citado se les adelantó para llevarla a la gran pantalla, en una adaptación memorable, con el título que ya conocen de "Las diabólicas" (1954).

Para compensarle, ambos escritores escribieron para el director británico otra novela que se tituló "D'entre les morts", cuyos derechos de adaptación al cine quedaron reservados por la productora incluso antes de su edición; lo que supuso un hallazgo para Hitchcock y de cuyo argumento sólo modificó ciertos aspectos, aunque sí estratégicos para el desarrollo de la trama, que él basaba en su famoso "McGuffin", que podríamos definir como un elemento que crea suspense a la vez que propicia que la historia y sus personajes avancen pero, en sí, no tiene mayor importancia y su ubicación dentro de la trama es absolutamente intercambiable a gusto del director.

Conforme a su peculiar forma de hacer cine, y según su método al que siempre confiaba el éxito, Hitchcock encargó la adaptación y el propio guión a Alec Coppel y al autor teatral Samuel Taylor, con los que cada mañana se reunía y escribían con detalle escena a escena, y a tal nivel que al finalizar esta tarea la película estaba preparada para comenzar el rodaje. Tal como describiría en sus palabras, Hitchcock confesaba que soñaba la película y que rodaba de tal forma que no necesitaba montaje; tal era su dominio del cine.

Ni que decir tiene que la obra original de los autores galos utilizaba como principal hecho relevante la parte puramente policíaca, que el director británico decidió restarle relevancia para, en contraposición, convertir la historia en una estremecedora elegía donde las pasiones, los sentimientos y, en especial, las obsesiones se convertirían en protagonistas junto a los de carne y hueso.

Tras la adaptación, el argumento se iniciaba en la ciudad de San Francisco en cuyas azoteas el detective de policía Scottie Ferguson, encarnado por el actor James Stewart, junto a un agente de uniforme persiguen en su veloz huída a un ladrón, cuya pericia y agilidad en el salto no les da tregua.

En uno de éstos, Scottie resbala por un tejado pero logra asirse a duras penas a un bajante y, para socorrerle, el agente que le acompañaba le tiende la mano. Scottie sin embargo permanece petrificado al sufrir una profunda acrofobia que le impide, contra su deseo, darle le mano y finalmente el agente resbala cayendo al vacío, ante la mirada atónita del detective incapaz de mover un músculo; sumiéndole este hecho en una fuerte depresión.

Apartado momentáneamente del servicio activo hasta tanto se recupere tanto física, puesto que también le han quedado secuelas de la violenta persecución, como emocionalmente por el sentimiento de culpa que le atormenta, recibe la llamada de un antiguo y acaudalado amigo desde la niñez, Gabin Elster, a su vez esposo de una rica heredera de una empresa naval, con objeto de que ponga sus habilidades detectivescas en un asunto doméstico que le tiene preocupado.

Una vez en el despacho del amigo y empresario de éxito, Scottie escucha de sus labios una enrevesada e inquietante historia a la que, en un principio, no da crédito. De esta forma conoce los pormenores del comportamiento obsesivo de su mujer, Madeleine, interpretada por la bellísima Kim Novak, según la cual se siente poseída por el espíritu de su bisabuela, Carlota Valdés, con ánimo de matarla, encontrándose en un continuo y lastimoso estado de melancolía.

En tono un tanto desesperado, le pide a Scottie que le ayude puesto que presiente que sus delirios le lleven al suicidio, tal como en su día hizo su antepasada hace ya cien años, para lo cual sugiere le haga un exhaustivo seguimiento; a lo que Scottie accederá finalmente, aunque le deja claro que lo hace en prueba de su amistad.

A partir de ese momento, el detective comienza a seguir cada día a la bella esposa del amigo por los lugares más insospechados de la ciudad de San Francisco que le llevarán a visitar, siempre con su discreta presencia, multitud de tiendas, museos, hoteles e, incluso, cementerios. Paralelamente, cada vez más interesado en ese comportamiento, Scottie iniciará una investigación por su cuenta para conocer todos los detalles de la trágica historia de su bisabuela Carlota, cuyo espíritu atormenta a Madeleine.

Casi sin darse cuenta, el detective cae hechizado por la serena belleza de Madeleine y acaba perdidamente enamorado de ésta. Ambos vivirán un apasionado, breve y desgarrador romance que culminará trágicamente cuanto Scottie, presa del miedo paralizante de su vértigo, sea incapaz de impedir que Madeleine finalmente se arroje al vacío desde la torre de la Misión de San Juan Bautista californiana, para hundirse aún más en el pozo de la desesperación.

Al pasar varios meses, Scottie queda sobrecogido cuando en plena calle se cruza con una mujer que es la viva estampa de Madeleine, que en este caso responde al nombre de Judy, a la sazón de nuevo Kim Novak en su rol verdadero. Ante su insistencia, ambos comienzan a conocerse y el recuerdo de la fallecida Madeleine hace que Scottie intente por todos los medios lograr transformarla físicamente en aquélla, sin percatarse de que las dos son idéntica persona, siendo él mismo una coartada en un maquiavélico y perfecto plan criminal.

En "Vértigo", el espectador es un juguete en manos de ese prestidigitador que es Hitchcock, hace malabarismos con la historia, nos enseña algo y nos lo esconde, y sin embargo nos da las claves para que siempre sepamos dónde está, pero hay que estar atentos porque su magia e inteligencia es tan grande que rara vez llegamos a su altura.

Ese juego, con el que goza el sagaz director británico, hace que si no estamos atentos el "McGuffin" nos lo zampemos sin rechistar. Nos ponemos a ver la película y contemplamos, con inocencia parvulil, cómo nos engancha esta historia que los escritores galos escribieron para él y con tanta diligencia como astucia nos lleva a su terreno, más próximo a lo puramente onírico que a la cruda realidad.

Llamo vuestra atención para que os fijéis la intención de Hitchcock para darnos pistas de su juego, cuando vemos un contraplano en el que se ve el peinado de Kim Novak en forma de espiral. No es gratuito, más bien al contrario es un elemento perturbador, de suspense, de los muchos que nos va enseñando dosificados y camuflados en el argumento siempre en apoyo de esa estructura que va construyendo sobre la que cimentará la resolución de la historia, que cada vez vemos cómo se aleja de su inicio volviendo después sobre él a modo de torbellino sin fin, que juega con las sensaciones de vaivén que sumen al espectador en una espiral que le confunde.

Mientras creemos que este sensacional film es un thriller policíaco, de gran interés por supuesto, él va tejiendo la tela donde quedaremos atrapados y en la que caeremos irremediablemente presas de una historia que pondrá a prueba nuestra capacidad de abstracción, perdiéndonos en el nebuloso páramo de lo irreal. A poco que nos acerquemos a su textura, comprobaremos cómo se esconde en ella el drama más intenso, con una carga psicológica que le da carácter, el misterio que se acrecienta en cada plano, en cada secuencia que vemos medida y meditada con rigor por su realizador, en cada diálogo escrito para mantenernos en vilo y dosificando la historia en su justa medida.

Pero, ante todo, es una historia de un romanticismo inusitado, puramente onírico, donde las obsesiones y los miedos de pesadilla envuelven al espectador hasta hacerle cómplice del protagonista en su particular y ansiosa transformación de la realidad que casi no distingue, fruto de la más dolorosa y profunda de las desolaciones; cuya indagación perversa es el fin último y más buscado por Hitchcock en su enigmático juego.

Hitchcock nos enseña la superficie de esta enrevesada historia, nos permite acariciarla pero sin tocarla y, cuando caemos en la cuenta, "Vértigo" es una desgarradora historia pasional con tonos necrofílicos por cuanto el protagonista da síntomas de una obsesión que le nubla los sentidos y tiene como único fin recuperar a su amada muerta, en una suerte de tragedia romántica en la que Scottie sólo vivirá para dar vida a Madeleine mediante la transformación del cuerpo de Judy, a la que obligará a llevar sus vestidos y replicar sus peinados.

Esta obsesión necrofílica tendrá su cénit cuando, en una escena aparece con un halo verde y ya transformada Judy en Madeleine de nuevo. Scottie la percibirá como resurrecta y la besará apasionadamente presa del deseo sexual más profundo que hasta ese momento no había sentido.

Para Hitchcock, el enigma no es premisa, no es necesario, tan sólo podríamos calificarlo de anécdota; no le es útil y lo soslaya desvelándolo sin miramientos a mitad de camino de la historia que nos cuenta con ritmo cadencioso, simulando el avance y retrocediendo como la cámara que simula la visión de vértigo de Scottie, porque sólo le interesa llevarnos a rastras a ese mundo irreal donde el tiempo inexorable es la bestia a batir; es el horror.

Lo único realmente vital para él no es la historia, son las imágenes y su intensidad, su fuerza indistinta, su capacidad de traspasar la barrera de lo soñado y lo vivido, en un caleidoscopio donde lo fantasmagórico cobra carta de naturaleza.

Si acertada es la historia no menos es la elección de los protagonistas. Si bien, como he apuntado en estas páginas, sigo diciendo que la actuación más sublime de cuantas hizo James Stewart fue con motivo de "Caballero sin espada", de Frank Capra, no está lejos en calidad y matices ésta que nos ocupa, ya que dota al personaje de Scottie de esa profundidad interpretativa que permite al espectador sensibilizarse con alguien tan deshecho por la desgracia más injusta, tan arrastrado a su irremediable destino, tan atribulado física y mentalmente, tan obsesionado por una persona que ni siquiera existe; tan desarbolado anímicamente.

En cuanto a Kim Novak es necesario que les advierta que la primera opción del orondo director para encarnar este personaje era su admirada Vera Miles. Sin embargo, la imposibilidad de contar con ella le hizo decantarse por buscar una nueva "rubia" con los parámetros que debía contar la protagonista y se decidió por incorporar a la espectacular Novak, en el que sería el papel de toda su carrera.

En este papel, Novak brilla con luz propia haciendo gala de su naturalidad, su mejor arma, en la que está realmente cautivadora y de arrebatadora belleza en su dualidad Madeleine-Judy, sin desmerecer la intensidad dramática que presta a sus personajes, cuya interpretación precisaba un serio distanciamiento con la dificultad añadida que esto entrañaba para el resultado final, el cual no podría evitar las comparaciones entre ambas formas de plasmar los sentimientos de cada uno.

No obstante, el director británico conocido por su animadversión por los actores, a los que consideraba simples marionetas en sus hábiles manos, no quedó demasiado contento con la actuación de Kim Novak, a la que achacó excesiva ingenuidad en su interpretación, aunque también reconoció que fue un rasgo que a la postre benefició a la historia y su resolución, ya que estimó que excesiva diferenciación entre los personajes de Madeleine y Judy hubiera resultado perjudicial en la trama.

"Vértigo" llegó a las pantallas y, lejos de convertirse en un éxito más de su director, resultó ser un sonado fracaso en el que tras la ceguera del público de la época que lo acogió fríamente, vino el mayor vapuleo de la historia del cine por la crítica especializada.

Unos y otros esperaban encontrar en este film la típica trama de asesinatos, intrigas y misterios sin resolver y, por el contrario, Hitchcock hizo la más personal de sus películas, en la que desplegó en plena madurez profesional todo el catálogo de sus habilidades como cineasta, dotado de una profundidad que elevaría esta obra a la cúspide del cine y cuya rehabilitación vino de la mano de los críticos de la "nouvelle vague", quienes dieron su sitio al talento atesorado por el británico y supieron valorarle.

No existe un film como éste. Es sencillamente exquisito, profundo y sin parangón, hipnótico, misterioso desde los propios títulos de crédito memorables encargados con acierto a Saul Bass, desde la música en la que Bernard Herrman, compositor de cabecera hitchcockniano, acaricia el cielo y nos regala una banda que perdurará eternamente con momentos llenos de inquietud y melancolía, pasando por el vestuario de la gran Edith Head, que supervisara el propio director británico, diseñando la ropa para Kim Novak en colores estudiados para cada situación y encuadre, la fotografía impecable de Robert Burks, donde el color ensalza cada escena, según el criterio dramático a que se refiere.

Para vilipendiarle, muchos le llaman el mago del suspense, que a simple vista parece un halago; de ahí, que insista por mi parte en denominarle mago del cine que planificó, estructuró y diseñó minuciosamente cada plano, cada secuencia, cada detalle de la puesta en escena, cada decorado, cada localización, cada peinado, cada vestido, cada color de esta exquisita película; no se le escapó nada porque "Vértigo" era su sueño que después filmó para compartirlo con nosotros, en una lección magistral de cine legado para la posteridad como ejemplo de arte, comparable con las mayores creaciones del ser humano, y que ahora les animo a disfrutar pero rogándoles busquen con paciencia todas esas claves ocultas que el gran maestro escondió entre sus imperecederas imágenes.

"John Ford era uno de esos artistas que nunca pronuncian la palabra arte, y de esos poetas que no hablan nunca de poesía".

François Truffaut

"LA DILIGENCIA" (1939)

(The stagecoach)

John Ford

JOHN FORD

El nombre de John Ford, tal cual, como muchas otras cosas que se refieren a su vida es un galimatías del que él mismo se burlaba y, de vez en cuando, alimentaba la confusión. Pongamos que unos dicen que nació en 1894 (él diría que un año después, aunque sólo para despistar), en una granja de Cape Elizabeth, una bella localidad costera del estado de Maine, siendo bautizado con el nombre de John Martin Feeney, a lo que él mismo se oponía en confabulación con algunos de sus biógrafos porque decía llamarse realmente Sean Alloysius O'Fearna. En cualquier caso, he aquí a John Ford y cerremos este capítulo que desde el más allá no duden de que aún resonarán sus carcajadas.

Incluso sus hermanos, que unos decían que tenía once y otros doce y él mismo no aclaraba para general controversia y regocijo suyo. En cualquier caso, todos eran hijos de una pareja de emigrantes irlandeses de Galway, quienes les transmitieron no sólo la lengua materna de la isla sino también el amor por su patria ancestral, su cultura y su historia. De los dos, Ford estaba influenciado por su madre cuya actitud ante la vida le inspiraría para componer los personajes que aparecerían en multitud de sus obras.

La vida bucólica que John llevaba en la granja pronto tendría su final al empeorar la situación económica de sus padres, que les obligaron a fijar su residencia en un apartamento de la ciudad de Portland, también en el estado de Maine, cuando el pequeño contaba con cuatro años y allí pasaría toda su infancia, adolescencia y juventud, completando sus estudios secundarios.

Pronto dejó éstos y comenzó a trabajar en una fábrica de zapatos como publicista, dada su habilidad con el dibujo y el diseño artístico, aunque su vocación no era ésta sino la Marina; aunque ésta le cerró en sus narices las puertas puesto que no superó las pruebas para acceder a la Academia naval de Annapolis. Este hecho, veremos cómo después sería clave en su devenir, puesto que su amor por la armada estadounidense se vería recompensado muchos años después, como comprobaremos más adelante.

Con esa sutil ironía, ese sentido del humor socarrón tan irlandés que le salía por los poros, cuando le preguntaban cómo había llegado al cine, siempre respondía muy serio: "en tren"; y el entrevistador se quedaba boquiabierto sin poder reaccionar. Claro que no mentía, puesto que fue en tren cómo llegó a la estación de Los Ángeles respondiendo a la llamada de su hermano Francis para que se incorporara a la industria pujante del celuloide, donde éste ya un considerado actor y director, y al que desde 1913 el joven John acompañaría en las producciones como ocasional extra, actor y pronto como ayudante de dirección, donde aprendió todas las claves del oficio de cineasta e, incluso, comenzó a tener contacto con otros directores como el caso de David Wark Griffith, hasta tal punto que participó como extra en el rodaje de "El nacimiento de una nación" y posteriormente en otras obras de éste ya como ayudante de dirección; del que siempre guardó un recuerdo extraordinario y un respeto grande por su trabajo.

Estamos ya en 1917 y un suceso va a propiciar el bautismo en la dirección de Ford. En efecto, surgió la oportunidad que aprovechó con gran ilusión de sustituir a su propio hermano al frente de la dirección de un cortometraje, cuyo resultado le valdría ser contratado para rodar multitud de obras para los estudios Universal, por las que pronto se hizo con un nombre en la industria.

Sin embargo, es a mediados de la década de los veinte cuanto comienza su leyenda, no sólo entre el público sino entre los propios cineastas, con títulos que le llevaron a una precoz consagración como uno de los grandes directores norteamericanos, con películas como "El caballo de hierro", "Tres hombres malos" y "El legado trágico", en la que abordaba con exquisito cuidado el carácter de los irlandeses.

Pero reparemos en "El caballo de hierro", puesto que supone un hito en su carrera pero también para la industria del cine dado que, aún tratándose de un western más, conforme avanzaba el rodaje los productores de la Fox vieron que el tono épico de la historia y los resultados preliminares de lo rodado, estimaron incrementar la inversión que hizo se convirtiera en una auténtica superproducción para la época, que cuenta la epopeya de la construcción del ferrocarril transcontinental por las compañías Union Pacific y Central Pacific entre 1864 y 1869, sobre la que levita la relación sentimental protagonizada por los actores George O'Brien y Madge Bellamy, quienes tuvieron que soportar las inclemencias de un tiempo severo en el estado de Nevada junto a todo el equipo cuyos esfuerzos para terminar la película no le fue a la zaga a la que querían plasmar en imágenes y donde John Ford supo hacer frente a todas las adversidades; dejando entrever su aquilatada personalidad y dotes tanto de mando como de empatía con todos los miembros del equipo de rodaje.

Tras ésta, reparemos ahora en su último film mudo como fue "El legado trágico", donde podemos comprobar su lazos con el IRA irlandés y su posición frente al nacionalismo del país de sus ancestros. Es también reseñable porque constituye la primera ocasión que John Wayne participaría en una de sus películas junto al gran actor, clásico de las películas de Ford, Victor McLagen.

Llega la década de los treinta y con ésta el cine sonoro, para el que Ford en vez de restar interés a sus obras las enriquecerá adaptándolas no sólo formalmente, sino que abordará las historias de éstas con una profundidad en el aspecto psicológico que las apartará de la medianía y las hará brillar con luz propia.

Sin embargo, antes del éxito llegó la decepción con el advenimiento del cine sonoro, cuando tanto a él como a otros directores los estudios les despidieron para ser ocupados sus puestos en las películas por directores procedentes del teatro.

Al poco tiempo las tornas cambiaron y volvieron a contratarles, una vez que aquéllos fracasaron estrepitosamente puesto que el lenguaje del cine es específico y los directores procedentes de la escena naufragaron a la hora de enjaretar las historias con criterios estrictamente dramatúrgicos. Ford y los demás fueron readmitidos y él mismo relataría años más tarde que los estudios cometieron el error de no escucharles, puesto que los actores en el cine mudo realizaban ya la declamación del guión al prever que el público leería los labios, tal como así se producía.

Pues bien, en éstas nuevas cintas ya sonoras se advierten fuertes influencias que él mismo reconocería por el expresionismo alemán, en concreto el cine de Murnau al que profesaba una gran admiración y cuyas imágenes le inspiraron, amén de la evolución de su estilo en la narración y su novedoso lenguaje visual, al que incorporó un elemento como son los paisajes a los que eleva a la categoría de protagonistas, en una línea directa con los postulados de gran director alemán antes citado.

De los treinta y los cuarenta hay que destacar "El delator" (1935) con la que conseguiría su primer Oscar, "El joven Lincoln" (1939), "La diligencia", que analizaremos en profundidad a continuación, con la que volvía al western y en la que dio la oportunidad de su vida a John Wayne que éste aprovechará para convertirse ya en una gran estrella y Thomas Mitchell conseguiría el Oscar mejor secundario junto con la banda sonora, "Las uvas de la ira" (1940), en la que hacía una personal adaptación de la célebre novela de John Steinbeck, por la que recibió su segundo Oscar, "Qué verde era mi valle" (1941), en la que compone un duro reflejo de la cotidiana vida de una zona minera del País de Gales, por el que también obtuvo su tercer Oscar.

Es importante hacer ahora un alto y reflejar, en justicia, una faceta que Ford tuvo a gala en su vida y es su patriotismo. Prueba de ello es su decidida propuesta en 1939 cuando ve el peligro nazi, e intuyendo que su país entraría en guerra, funda la Naval Field Photographic Unit, a la que se le unen varios directores y actores, con el que fueron recorriendo los diversos frentes una vez se declaró la guerra a Alemania.

De esta forma, en 1942 realizó documentales para la Marina como "7 de septiembre", sobre el desastre de Pearl Harbour, y "La batalla de Midway", donde rodó toda la crudeza del ataque japonés, y que le supusieron un nuevo Oscar al mejor documental, aunque la obra que hizo con más emoción es la titulada "Escuadrón Torpedo", en homenaje a las familias de los caídos en aquella batalla. De ahí marchó al norte de África y en 1944 rodó el desembarco de los aliados en Normandía. Ford fue condecorado y licenciado con el grado de Contralmirante, cumpliendo así uno de sus sueños como patriota y marino vocacional.

Volvamos ahora sobre nuestros pasos y sigamos hablando de sus éxitos a los que hay que sumar ahora los westerns legendarios, por los que sería reconocido y recordado, "Fort Apache" (1948), "La legión invencible" (1949), "Río grande" (1950) y "Pasión de los fuertes (1946), en una historia que recrea fielmente el mítico tiroteo de O.K. Corral, a muchos de cuyos protagonistas se vanagloriaba Ford de haberlos conocido, y en los que podemos encontrar como norma común la aparición de actores en papeles secundarios pero que su participación en el desarrollo de las obras es crucial, como fueron Ward Bond o el gran Walter Brennan.

Junto a éstos, Henry Fonda, James Stewart y, sobre todo John Wayne, con quien mantuvo una profunda relación de amistad, y que protagonizó muchas de sus obras maestras, como "El hombre tranquilo", que narra la historia de un boxeador norteamericano de regreso a su Irlanda que le vio nacer tras cometer un homicidio involuntario, o "Centauros del desierto", un film que figura entre las mejores películas de todos los tiempos, si no la mejor, donde Wayne alcanza el cénit de su registro interpretativo.

De los cincuenta a los sesenta sería una de las épocas más fructíferas y llena de grandes producciones y obras consideradas maestras que le convirtieron ya en leyenda del cine, como fueron "Mogambo" (1953), donde adaptaba un típico western a los ambientes africanos y que tuvo un éxito de público grandioso, para después filmar una película mítica y antológica, en especial para todos los de su propia profesión, "Centauros del desierto" (1956), antes citada con motivo de las películas protagonizadas por John Wayne en un papel espléndido, siguiendo con "Dos cabalgan juntos" (1961), y "El hombre que mató a Liberty Valance", donde Wayne actuará junto a James Stewart, para cerrar su extensa y prolífica carrera con el film "Siete mujeres" en 1966, donde cuenta una historia en la que recrea los momentos últimos de una misión norteamericana en China.

Tras siete años apartado de las cámaras y después de una larga y penosa enfermedad, Ford falleció en el verano de 1973, dejándonos un legado inconmensurable de obras maestras y siendo considerado como el más grande director de todos los tiempos.

"LA DILIGENCIA" (1939)
John Ford

Ford es el jefe de todo ésto. ¿Y qué es todo ésto?. Pues el cine. Él es el amo, el "boss", el líder, el mejor. El más grande. El poeta del séptimo arte, a regañadientes, el artista que nunca hablaba de arte, sólo lo hacía, y de alguien como él es complicado elegir una película que condense todas sus virtudes y que exprese su personal visión tanto del cine como de la vida misma.

Tras dudar, en una terna donde estaban junto a la elegida "El hombre que mató a Liberty Valance" y "Centauros del desierto", me he decantado por "La diligencia" por considerarla, aparte de maestra, una obra de corte humanista donde Ford despliega toda su sabiduría para retratarnos fielmente el alma de los personajes, con un envoltorio que nos reserva a poco que lo deshagamos dosis de aventura, romance y trepidante acción que se mezclarán con momentos de poesía visual e intimismo donde los sentimientos prevalecerán sobre las actitudes de sus protagonistas.

A esto sumaremos la sagaz apuesta de Ford por revitalizar un género como el western que, aunque parezca extraño, a finales de los treinta estaba fuera de las preferencias del público y considerado como menor por la crítica especializada. Pero en éstas llegó "Pappy" Ford y rodó, tal vez, la más grande película del oeste de todos los tiempos y haciendo revivir como nunca el género para alcanzar en armonía tanto la aclamación del público como el plácet entusiasmado de la crítica, con una obra cuya calidad artística superaba lo visto hasta entonces y que abriría una etapa de este género que, bajo su batuta, la llevará al terreno de la leyenda y alguno de sus personajes a convertirse en mitos.

Para la realización de este memorable western, Ford encargó a su guionista y amigo Dudley Nichols la adaptación de un relato breve, titulado "Stage to Lordsburg", que había publicado un par de años atrás el escritor Ernest Haycox. Éste, a su vez, se había inspirado en un célebre relato de guerra del literato galo Guy de Maupassant, bajo el título de "Boule de Suif", ambientado en la guerra que mantuvieron franceses contra prusianos allá por 1870.

Una vez escrito el guión, con la producción de Walter Wanger y el propio Ford, éste decidió que se rodara, aparte de los estudios de la Metro y la Warner, en escenarios naturales para los que eligió localizaciones en Colorado, Arizona y, sobre todo, en Utah, en concreto en el Monument Valley, localización clave en el desarrollo del film y uno de los grandes aciertos de Ford y en cuyo entorno, un protagonista más, sería una referencia en su carrera.

"La diligencia" comienza en un pequeño pueblo del estado de Arizona, en el que rige la más estricta observancia de la moral, ridiculizada con ironía por Ford, vigilada por la "Liga de las buenas costumbres y la decencia". Reunidas sus promotoras, deciden expulsar de inmediato a dos elementos que perturban a la comunidad como son el doctor Boone, un facultativo deslenguado y contumaz borrachín, personaje por otra parte arquetípico fordiano, y en especial a la prostituta conocida por su nombre de guerra, "Dallas".

Para hacer efectiva la expulsión, todas las vigilantes de la moral escoltan a ambos personajes hasta la mismísima diligencia que partirá en breve hacia Lordsburg, en el vecino estado de Nuevo México. En este viaje les acompañarán Lucy Malory, esposa de un capitán de la Caballería que, aún en avanzado estado de gestación, expresa su firme deseo de reunirse con su marido destinado en Lordsburg, un antiguo soldado confederado de nombre Hartfield de noble familia y antiguo amigo de los Malory, que ahora se gana la vida jugando en oficios menos nobles como pistolero y jugador de ventaja, un representante de whisky con un maletín lleno de éste, quien es recibido con honores por el borrachín doctor Boone y que no se separará de él en todo el viaje, a quienes se unirá más tarde un banquero que dice tener que cerrar un negocio, aunque éste en realidad sea escapar con todo lo que había en la caja fuerte del banco.

Pero estamos en Arizona, en una diligencia, a finales del siglo XIX y falta algo: naturalmente los indios y, para colmo de males, no son unos cualquiera, son Gerónimo y sus fieros apaches chiricaguas, de los que llegan ecos de sus fechorías hasta los conductores de la diligencia y sus aturdidos pasajeros que además reciben la noticia de que se ha escapado de la cárcel Ringo Kid, un pistolero en busca de venganza a quien han puesto un alto precio por su captura. Este hecho va a propiciar que se una otro nuevo pasajero, como es el propio sheriff del pueblo, Curly Wilcox, quien curiosamente es el mejor amigo de Ringo y su familia desde que era niño, dispuesto en un principio a capturarle.

La diligencia, pese a las advertencias y el riesgo al que se exponen todos sus ocupantes, parte rumbo a Lordsburg con la esperanza de éstos de sortear los peligros encomendándose a la fortuna y los rifles tanto del sheriff como del conductor de la diligencia, a los que se unirá el pistolero y jugador Hartfield.

Tras una dura jornada, pero con una escolta exigua de la Caballería, en un momento mítico de la historia del cine, la diligencia se para en el camino donde aparece Ringo Kid, encarnado para la posteridad por un John Wayne camino de la fama con ese estilo que reza en su epitafio, "feo, fuerte, formal", quien también desea llegar a Lordsburg para vengar el asesinato de su padre y hermano enfrentándose a los temibles hermanos Plummers. Ringo no contaba con la presencia del sheriff y la escolta de soldados que llevaba en ese momento la diligencia y se entrega desprendiéndose de sus armas.

Continua el viaje pero ahora la escolta caballeril ha recibido la orden de volver y la diligencia se encuentra en tierra hostil a merced de los indios, viajando de posta a posta mientras contemplamos el nacimiento de un romance entre "Dallas" y el fugitivo Ringo, que desconoce la vida pasada de aquélla, y la amistad más fervorosa del doctor por el representante de whisky, al que pronto dejará sin muestras.

Para complicar las cosas, en la última de las paradas Lucy Malory, la esposa embarazada del capitán de Caballería, se pone de parto. Para ayudarla sólo cuenta con Dallas, que pone todo su empeño en agradarla, y el doctor Boone, al que el sheriff y los demás conseguirán se muestre sobrio para asistirla dándole un brebaje a base de café y sal, y que lograrán al hacer un magnífico trabajo y permitiendo dar a luz a Lucy.

Las cosas parecen enderezarse pero sólo es momentáneo puesto que, cuando falta poco para su destino, aparecen los indios que no dudan en lanzarse a galope tendido para atacar fieramente a la diligencia. Sólo queda defenderse y el sheriff libera de sus esposas a Ringo y le devuelve su arma, con la que junto a todos los demás protagonizarán en plena carrera una encarnizada lucha por su supervivencia hasta que las balas se acaban y quedan a merced de los feroces pieles rojas de Gerónimo.

En ese momento de desesperación, Hartfield guarda una bala para dar muerte a Lucy Malorie para evitarle una peor a manos de los indios, pero el destino hace que sea alcanzado él por las armas de aquéllos y muera sin cumplir su propósito que, en un momento de apoteosis, coincide con el eco lejano del toque de carga de la Caballería, el sonido de la libertad, y provoca la huída de los indios de la definitiva salvación para todos.

Ya escoltados de nuevo, llegan a Lordsburg donde son recibidos creyendo el sheriff que vienen para que les entregue a Ringo. Sin embargo, y para su sorpresa, a quien quieren detener y así lo hacen es al banquero que no contaba con que las líneas telegráficas fueran arregladas y se informara a las autoridades de Lordsburg de su robo de los fondos del banco que dirigía.

Mientras esto ocurre, Ringo pide al sheriff y amigo que le permita bajo palabra volver para estar a solas con Dallas y cumplir la misión que le trajo a Lordsburg, que no es otra que hacer justicia con los asesinos de su familia. El sheriff accede creyendo que el arma que le devuelve no está cargada, pero Ringo conserva guardadas tres balas en su sombrero.

Antes de partir le pide al sheriff que, una vez le detenga, lleve a Dallas a su rancho, a lo que accede viendo cómo se dirige a la calle principal de la ciudad para enfrentarse cara a cara con los cobardes Plummers. Vemos entonces cómo en un momento Ringo se tira al suelo disparando su arma y las detonaciones de los Plummers. Tras un momento de espera, contemplamos la entrada en el bar del cabecilla de los Plummers sonriendo y después desplomándose muerto sobre el suelo.

Ringo, alcanzada su meta y vengada su familia, no falta a su palabra dada y vuelve junto al sheriff para entregarse. Sin embargo, éste conoce su inocencia en el crimen que le valió los años de cárcel y le dice que se monte en el carro junto a Dallas, permitiéndole marcharse y empezar junto a ella una nueva vida en su rancho.

Hasta aquí este argumento que Ford convertiría en un clásico imperecedero, en el que junto a panorámicas espectaculares de Monument Valley, transmutado en testigo y protagonista a la vez de excepción de esta historia, nos muestra las vivencias y reacciones ante las adversidades de un grupo de personajes, algunos arquetipos que repetirán en multitud de sus siguientes obras, que a Ford le permiten expresar sus tesis acerca de los errores de la sociedad, preocupada de apariencias sin atender a sentimientos puros, la categorización de las personas según su procedencia social y, sobre todo, su hipocresía, a la no que duda en poner en solfa con feroz convicción en su necesaria reprobación.

De esta forma, veremos a un Doctor Boom, al que da vida el gran actor Thomas Mitchell, que conseguiría por esta actuación el Oscar al mejor secundario, ridiculizando con valentía en una memorable escena a los hermanos Plummers cuando se enfrenta a ellos defendiendo a Ringo, o defendiendo caballerosamente de cuantos desprecian con miradas y comentarios a "Dallas", que interpreta la actriz Claire Trevor, expulsada del pueblo como él, alguien con un pasado que adivinamos atroz, injustamente tratada por la vida quien atesora un corazón noble y bondadoso, a la que veremos vilmente humilladda por el pistolero y jugador de ventaja de modales de caballero sureño, preso de un pasado que le atormenta y deja entrever, que encarna en un papel histórico el mítico actor John Carradine.

Junto a ellos y al que Ford intencionadamente le reserva el papel de burgués corroído por la mezquindad, el banquero cuya fachada de respetabilidad y dignidad esconde un ser abyecto que no duda en la primera oportunidad robar los fondos de sus confiados vecinos, que interpreta con singular estilo el actor Berton Churchill.

Encontramos al propio sheriff, papel a cargo del inolvidable actor George Bancroft, padre de la actriz Anne Bancroft, que, si inicialmente vemos que se encamina a la detención de Ringo Kid, conforme avanza el metraje cambia el registro para en realidad protegerle, conocedor de su inocencia. Igualmente la esposa del capitán de caballería, interpretada por la elegante actriz Louisse Platt, quien mantendrá una actitud distante y altiva con "Dallas", la cual desaparecerá al comprobar su entrega desinteresada en los momentos más difíciles que las circunstancias del viaje provocarán, las cuales tendrán repercusión en el enamoramiento de Ringo Kid, que interpreta magistralmente John Wayne, que por momentos olvidará las ansias de venganza que le impulsan a llegar a Lorsdsburg para enfrentarse a su destino y, con alta probabilidad al tratarse de tres adversarios, con su muerte.

Pero no podían faltar esos personajes Fordianos cien por cien, representados por el marchante de whisky, el recordado actor Donald Meek, y el bonachón y regordete conductor de la diligencia, que interpreta con su voz característica el actor Andy Devine, a quienes el director irlandés siempre reservaba sus apariciones en homenaje a la buena gente anónima.

Las virtudes de esta obra radican, aparte de su regeneración del western y de sus logros formales, por una parte en la habilidad de Ford para dar verosimilitud a los personajes, que vemos no se dividen en buenos o malos sino meros deudores de sus circunstancias vitales, sus miedos, sus necesidades de cariño, de justicia, de libertad, dentro de una historia que sobre un viaje épico concita momentos donde se entremezclan unos de intenso dramatismo, con otros donde el humor y la ironía juegan a descargar la tensión del espectador, sin faltar la aventura en el más amplio sentido.

Igualmente cuenta con un discurso de calado social en el que salen a flote temas polémicos como el alcoholismo, la degradación que supone la prostitución y las diferencias de clase entre personas que Ford refleja con crudeza; todo ello en secuencias llenas de emoción, donde las miradas, los planos de los rostros que emulan a los de Murnau en los que sin duda se inspira, tienen una fuerza expresiva que no precisan de diálogo para transmitir los sentimientos más profundos.

Para Ford, ante todo un humanista por convicción, esta película tan distendida como trepidante le sirve para conciliar la forma y el fondo que él subliminalmente lanza entre diálogos directos, llenos de frases unas veces ocurrentes otras cargadas de fina ironía, a modo de mensaje demoledor acerca de la injusticia en el trato de las personas que se encuentran marginadas de la sociedad, cuyos comportamientos ante los avatares que se les presentan hablan de su fuerza y valor, por encima de aquellas otras que cuentan con la aureola de pertenecer a "las de bien" que Ford hace quedar a la altura del betún en su vanagloria y desprecio manifiesto por aquéllas. En este sentido, es mítica la frase del médico borrachín cuando, a los comentarios del banquero sobre las urgentes necesidades de Norteamérica, le responde que "este país lo que necesita son más cogorzas".

Dediquemos unas líneas al otro protagonista, antes apuntado, que no es otro que Monument Valley cuya localización utilizaría Ford en muchas de sus obras más recordadadas, tales como "Pasión de los fuertes", "Fort Apache" o "Centauros del desierto", y del que expresó con sus propias palabras la emoción que sintió de esta forma: *"fue un momento sublime en el que descubrí ese emplazamiento mágico"*, que convertiría en su estudio al aire libre que nadie jamás ha filmado como él. En el terreno de la anécdota, hay que apuntar lo que desveló el mismísimo John Wayne quien se atribuyó el descubrimiento accidental de tan hermoso lugar, cuando conducía llevando a Ford por aquellos parajes hasta entonces desconocidos.

Durante muchos años hemos podido leer o escuchar la hazaña que a Orson Welles se le atribuía de haber sido el primero en tener la audacia de permitir en los planos de "Ciudadano Kane" que pudieran verse los techos, siendo esto un hallazgo estético y un recurso hasta entonces inimaginable. Claro que él mismo sabía, y reconoció, que no fue el primero, puesto que fue John Ford el pionero de esta incorporación al lenguaje visual y que pone en práctica en planos sublimes de "La diligencia".

Por este motivo, no es de extrañar que Welles confesara que se había inspirado en esta obra de Ford para componer la ya citada película, que sería otra gloria del cine y que le aupó a lo más alto de éste, y que pasados los años cuando le preguntaran por su tres directores preferidos respondiera categórico: "John Ford, John Ford y John Ford". Y esta inspiración no sólo sería para él sino para multitud de cineastas que vieron en ella la modernidad, rompiendo esquemas al cine encorsetado y con unos recursos estilísticos y visuales que marcarían las líneas del cine que, desde entonces, se haría bajo sus cánones.

Ahora fijémonos en su prodigiosa fotografía que Bert Glennon, operador de cabecera de Ford, diseña en blanco y negro, componiendo planos de las fondas envueltas en una misteriosa bruma, encuadres majestuosos para la época con panorámicas de un regusto lírico donde retrata la monumentalidad del entorno y su salvaje belleza.

Siguiendo los sabios dictados de Ford, Glennon dota a la cámara de mayor profundidad de campo a la vez que utiliza fuertes contraluces que dotan a la historia de mil y un matices llenos de expresividad. Junto a este acierto, Ford introduce novedosos planos subjetivos que refuerzan las escenas de acción en una audaz apuesta en aquel momento inédita.

Les animo fervientemente a ver esta grandiosa película, sin duda el mejor western de toda la historia del cine, que marcará un hito en este arte y partirá la carrera de John Ford en dos abriendo la senda que le llevaría a alcanzar sus mayores logros artísticos para ser considerado como el mejor director de todos los tiempos.

_____

www.ingramcontent.com/pod-product-compliance
Lightning Source LLC
Chambersburg PA
CBHW020652220526
45464CB00001B/404